GRAMMAIRE ARABE
À L'USAGE DES ARABES

SÉRIE PÉDAGOGIQUE DE L'INSTITUT
DE LINGUISTIQUE DE LOUVAIN — 24

Grammaire arabe à l'usage des Arabes

Traduction française et commentaires des
Eléments d'arabe, morphologie et syntaxe,
II, de Rachid Chartouni (Beyrouth)

par

Jacques GRAND'HENRY

Professeur ordinaire à l'Université Catholique de Louvain
Institut Orientaliste

PEETERS
Louvain-la-Neuve
2000

D. 1999/0602/50

ISBN 90-429-0761-4 (Peeters Leuven)
ISBN 2-87723-447-9 (Peeters France)

Bondgenotenlaan 153
B-3000 Leuven

Printed in Belgium

AVANT-PROPOS

Qu'il me soit permis de remercier très cordialement ici mon collègue et ami le professeur Georges Bohas, de l'Université de Paris VIII, qui a bien voulu relire plusieurs états de mon manuscrit et me faire part de ses judicieuses remarques, éclairées par une longue expérience de la tradition grammaticale arabe et de la linguistique sémitique.

Mes remerciements amicaux s'adressent aussi à mon collègue de l'Université Catholique de Louvain, le professeur Yves Duhoux, qui a bien voulu accueillir cet ouvrage dans la collection «Série Pédagogique des Cahiers de l'Institut de Linguistique de Louvain», à Monsieur Claude Detienne, qui prépare une thèse doctorale à l'Institut Orientaliste de l'Université Catholique de Louvain, et m'a donné de précieux conseils dans la manipulation des logiciels de traitement de textes orientaux, et à mes étudiants dont les questions m'ont souvent aidé à donner une formulation plus précise aux commentaires de ce texte grammatical.

ABRÉVIATIONS, NOTAMMENT BIBLIOGRAPHIQUES

al-Ḫalîl = HANI JURJ TABARI et DR. JURJ MITRI ABDELMASIH, *Al-Ḫalîl, muʿǧam muṣṭalaḥât ʾl-naḥw ʾl-ʿarabîy*, édité par le DR MUHAMMAD MUHDI ALLAM, 1ère éd., Beyrouth, 1990.

c.o.d: complément d'objet direct

EAGT = JONATHAN OWEN, *Early Arabic Grammatical Theory, Heterogeneity and Standardization*, «Studies in the History of the Language Sciences», 53, Amsterdam-Philadelphia, 1990.

ETGA = GEORGES BOHAS ET JEAN-PATRICK GUILLAUME, *Etude des théories des grammairiens arabes*, I. Morphologie et phonologie, «Publications de l'Institut Français de Damas», 112, Damas, 1984.

FG = JONATHAN OWENS, *The Foundations of Grammar*, An Introduction to Medieval Arabic Grammatical Theory, «Studies in the History of the Language Sciences», 45, Amsterdam/Philadelphia, 1988.

GA = grammairiens anciens.

GDA = MUSTAPHA AL-GHALAYINI, *Ǧâmiʿ ʾl-durûs ʾl-ʿarabiyya*, 3 volumes, 12ème éd., Beyrouth-Saïda, 1973.

GT = grammairiens tardifs.

GvG = CARL BROCKELMANN, *Grundriss der vergleichenden Grammatik der semitischen Sprachen*, Berlin, 1908, reprod. photogr. Hildesheim, 1966, 2 vol.

Kitâb = SIBAWAYHI, *Le Livre de Sîbawayhi*, Traité de grammaire arabe, texte arabe publié par HARTWIG DERENBOURG, 2 vol., réédition, G. Olms Verlag, Hildesheim-New York, 1970.

Koinè = A. ROMAN, *Etude de la phonologie et de la morphologie de la koinè arabe*, 2 tomes, Université de Provence, Aix-en-Provence, Marseille, 1983.

Lane = E.W. LANE, *An Arabic-English Lexicon, derived from the best and most copious eastern sources,* 2 vol., London, 1863-1877, réédit. «The Islamic Texts Society», Cambridge, England, 1984.

LE = GERARD TROUPEAU, *Lexique-index du Kitâb de Sîbawayhi*, «Etudes arabes et islamiques», série 3, Etudes et documents VII, Paris, 1976.

litt. = littéralement, mot à mot.

MA = RACHID CHARTOUNI (Rašîd al-Šartûnî), *Mabâdiʾ-ʾl-ʿarabiyya*, 4 volumes, Dar el-Machreq, al-maṭbaʿ ʾl-kâṯûlîkiyya, Beyrouth, vol. I, 1960; vol. II, 1963; vol. III, 1960, vol. IV, 1961.

NP = note personnelle

SHAG 2 = *Studies in the History of Arabic Grammar* II, edited by Kees Versteegh and Michael G. Carter, «Studies in the History of the Language Sciences», 56, Amsterdam-Philadelphia 1990.

TP = HENRI FLEISCH, *Traité de philologie arabe* «Recherches publiées sous la direction de l'Institut de Lettres Arabes de Beyrouth», vol. I, tome XVI, Beyrouth, 1961; vol. II, Beyrouth, 1979.

Transmission Sîbawayhi = GENEVIÈVE HUMBERT, *Les voies de la transmission du Kitâb de Sîbawayhi*, «Studies in Semitic Languages and Linguistics», XX, Leiden, New York, Köln, 1995.

INTRODUCTION

Système de transcription

hamza stable: ʾ et *hamza* instable: ʼ. Il est utile de signaler ici que, pour des raisons qui nous paraissent être pédagogiquement défendables (noter l'existence du *hamzat-ʼl-waṣl* en tant que graphème), le *hamza* instable a été noté systématiquement. Il faudra alors tenir compte qu'il s'agit d'un graphème seulement, sans réalisation phonétique.

ʾalif	*â*	ا
bâʾ	*b*	ب
tâʾ	*t*	ت
ṯâʾ	*ṯ*	ث
ǧîm	*ǧ*	ج
ḥâʾ	*ḥ*	ح
ḫâʾ	*ḫ*	خ
dâl	*d*	د
ḏâl	*ḏ*	ذ
râʾ	*r*	ر
zây	*z*	ز
sîn	*s*	س
šîn	*š*	ش
ṣâd	*ṣ*	ص
ḍâd	*ḍ*	ض
ṭâʾ	*ṭ*	ط
ẓâʾ	*ẓ*	ظ
ʿayn	*ʿ*	ع
ġayn	*ġ*	غ
fâʾ	*f*	ف
qâf	*q*	ق
kâf	*k*	ك
lâm	*l*	ل

mîm	*m*	م
nûn	*n*	ن
hâ'	*h*	ه
wâw	*w, û*	و
yâ'	*y, î*	ي

N.B: 1. Contrairement à l'usage habituel des orientalistes et des arabisants, pour des raisons pédagogiques, tous les *hamza* de liaison (*waṣl*), y compris celui de l'article, sont notés dans la transcription, de même que tous les *hamza* instables, par le signe: ', tandis que les *hamza* stables sont notés par le signe '. L'article garde sa forme originelle, il n'y a donc pas d'assimilation notée pour les lettres «solaires» avec l'article.

2. Pour des raisons pédagogiques également, la *nisba* est toujours notée *îy* et non *iyy* qui est la seule représentation exactement conforme à la description des grammairiens arabes. En effet, certains dictionnaires d'arabe moderne très utilisés par les étudiants (comme *A Dictionary of Modern Written Arabic* de Hans Wehr, 4ème éd. Wiesbaden, 1979), ont cette transcription en *îy*.

Le texte traduit et commenté ici avec l'autorisation des Editions Dar el-Machreq de Beyrouth, est celui d'une grammaire très largement répandue dans les pays arabes du Proche-Orient: les *Mabâdi'-'l-'arabiyya fî 'l-ṣarf wa 'l-naḥw* (= *MA*) «Eléments d'arabe, morphologie et syntaxe» (ici, vol. 2), de Rachid Chartouni (Rašîd al-Šartûnî), manuel scolaire prévu pour les classes de cinquième et de sixième au Liban. Ce volume fait partie d'un ensemble de quatre tomes qui portent sur le même sujet, mais à quatre niveaux scolaires différents (Dar el-Machreq, Imprimerie Catholique, 9ème édition, Beyrouth, 1961). Nos commentaires sont signalés par le sigle NP (note personnelle) et figurent entre des crochets. Comme la plupart des grammaires utilisées dans les pays arabes, cet ouvrage dérive essentiellement du *Kitâb* de Sîbawayhi, tout en tenant compte de l'apport des grammairiens plus tardifs. Il nous a donc paru logique de nous référer principalement pour les traductions françaises de termes techniques grammaticaux arabes anciens au *Lexique-index du Kitâb de Sîbawayhi*, «Etudes arabes et islamiques», série 3, Etudes et documents VII, Paris, 1976, de Gérard Troupeau.

Système de transcription en caractères latins.

Ce petit ouvrage est destiné à l'usage d'étudiants francophones de langue arabe de niveau moyen. Pour permettre aux étudiants nombreux qui n'ont pas pour objectif premier l'étude de textes arabes grammaticaux, mais plutôt de textes littéraires, de concentrer leur effort d'apprentissage de la grammaire sur la compréhension du contenu (les mécanismes grammaticaux essentiels) plutôt que du contenant (la vocalisation de tous les mots, tâche ardue et peu productive pour un lexique qui ne leur est pas familier), il nous a semblé utile de leur faciliter le décodage d'une grammaire usuelle en transcrivant la totalité du texte en caractères latins avec vocalisation partielle pour le texte courant: seuls les *exemples* sont vocalisés entièrement. Pour le reste du texte, il nous a paru adéquat d'alléger la transcription en omettant un certain nombre de voyelles brèves finales, notamment celles de cas dans les noms (sauf pour le *tanwîn /-an /* des mots masculins), les adjectifs, les verbes à l'inaccompli et à l'impératif, à peu près selon l'usage de l'Encyclopédie de l'Islam. Cet usage n'est pas appliqué de façon rigide: des voyelles de cas peuvent apparaître pour des raisons euphoniques. Il sera aisé à des étudiants de niveau moyen de restituer les voyelles d'*'iʿrâb* absentes dans la transcription, sans que cet effort ne mobilise cependant toute leur énergie. Comme indiqué ci-dessus, la transcription allégée n'est utilisée que pour le texte grammatical *courant*, compte non tenu des exemples, où la vocalisation doit, par nature, être complète pour illustrer clairement les explications des règles grammaticales. Pour cette raison aussi, on n'a pas tenu compte du *waqf* dans les exemples (sauf quand il s'agit de mots ou expressions isolés), ceux-ci pouvant être considérés comme des fragments de phrases devant s'insérer dans un contexte plus large. En ce qui concerne la procédure de traduction de ce texte technique grammatical d'arabe en français, on s'est abstenu, autant que faire se peut, de transposer ou d'adapter en français, mais on a choisi délibérément de privilégier la fidélité du mot français à l'original arabe dans un souci constant d'harmonisation de la terminologie et de cohérence, les règles de la stylistique française dussent-elles parfois en pâtir: l'essentiel ici nous a paru être le souci d'efficacité dans le service rendu à l'étudiant francophone arabisant, celui-ci devant s'habituer à «penser la grammaire» en arabe, première phase indispensable avant d'aborder la composition libre.

Avant de présenter un exposé succinct du développement de la tradition grammaticale arabe dont on retrouve de multiples traces dans les

Mabâdi' -'l-ʿArabiyya, il convient de rappeler ici le sens précis de quelques termes techniques de la grammaire arabe, car ils ont connu une évolution. On divise généralement aujourd'hui l'histoire de la grammaire arabe en deux époques, celle des grammairiens classiques et celle des grammairiens dits «tardifs» (désormais = GT). On peut considérer que cette distinction se reflète notamment dans l'usage des termes grammaticaux. Même si la tradition culturelle arabe est cumulative en ce sens que les termes scientifiques anciens s'ajoutent aux nouveaux sans s'y substituer, on constate que les manuels en usage dans les pays arabophones utilisent un grand nombre de termes dans l'acception que leur ont donnée les grammairiens tardifs. Ceci est probablement dû au fait que les termes anciens sont parfois ambigus ou à connotations philosophiques, et par le fait même peu susceptibles d'utilisation pédagogique directe dans les classes de grammaire sans une initiation préalable. Les termes techniques grammaticaux apparaîtront ci-dessous rangés selon l'ordre alphabétique. L'indication GT (grammairiens tardifs) ou GA (grammairiens anciens) qui figure après chaque mot-clé renvoie à la définition du concept tel qu'il est présenté ici: le fait que tel ou tel terme soit rattaché aux grammairiens tardifs n'exclut pas qu'il ait été utilisé aussi, parfois dans un sens différent, par les grammairiens anciens et réciproquement.

1. Quelques concepts grammaticaux de base

'aṣl: (GT)

Il faut ici distinguer trois sens du mot:

1. *'aṣl* – racine: p.ex. *ḍ r b* exprime l'idée de «frapper» (c'est le *'aṣl maʿnawîy* de la terminologie du grammairien d'époque tardive Ibn Yaʿîš).
2. *'aṣl* – représentation abstraite: p.ex. *qawala* est le *'aṣl* – représentation abstraite de la forme prononcée *qâla* «il a dit» qui est un développement par *qalb* sur la base du paradigme *faʿala.* Les autres formes du même type sont produites par analogie sur cette base. (C'est le *'aṣl lafẓîy* de Ibn Yaʿîš)[1].
3. *'aṣl* – base par opposition à *farʿ* – branche [ces deux mots ont comme pluriels *'uṣûl* et *furûʿ* (voir ci-dessous s.v. *'uṣûl*)].

[1] *ETGA*, I, p. 23-31.

ḥurûf 'l-ziyâda (augments): d'après Ibn Ǧinnî, «le *taṣrîf* comporte cinq parties: augment, effacement, changement affectant les voyelles, substitution, gémination»[2]. L'augment est un élément qui peut disparaître d'un mot sans le défigurer alors qu'un élément radical ne le peut pas, p.ex. le ʾ de *ʾaḥmar* «rouge» est un augment, absent dans *ḥamira* «être rouge», mais la racine des deux mots (*ʾaṣl maʿnawîy*) est ***ḥ m r*** et est présente dans les deux vocables.

binya (GT): est la *structure* dans laquelle se réalise une racine[3], p.ex. *ḍaraba* «il a frappé» est une structure FAʿALA, c'est-à-dire celle d'un verbe passé transitif (c'est le *maʿnâ* II des GT). Dans le cas de la structure FAʿALA, on parlera de *binya ʾaṣliyya*, traduit par «base» dans l'ouvrage de G. Bohas[4].

Dérivation avec augment: (GT)

1. Elle peut se faire par *ʾilḥâq* (adjonction):

1.1. P.ex. dans *šamlala* «être alerte, agile», à partir de *šaml* «fait de se hâter». Il s'agit ici d'un «*ʾilḥâq* par redoublement d'un segment du verbe» dit Ibn Yaʿîš[5].

1.2. P.ex. dans *ḥawqala* «être faible et impuissant»: il y a *ʾilḥâq* par infixation à partir de *ḥaqila* «être faible». On a ici une infixation à l'aide d'un élément *extérieur* à la racine (Ce type d'élément peut être ʾ, *l, y, w, m, t, n, s,* ʾʾ, *h*)[6].

2. Elle peut se faire sans *ʾilḥâq*:

– dans une structure identique à celle de la base quadriconsonantique: en effet, les verbes de type *faʿʿala, faʾʾʿala, ʾafʿala* ont une structure identique à celle du verbe quadriconsonantique simple de type *faʿlala*: CACCACA.

– dans une structure non identique à celle de la base quadriconsonantique: *tafaʿʿala, tafaʾʾʿala, 'infaʿala, 'iftaʿala, 'ifʿalla, 'istafʿala, 'ifʿâlla, 'ifʿawʿala, 'ifʿawwala, 'ifʿanlala.*

3. Il peut s'agir d'une dérivation à partir d'une base quadriconsonantique: *daḥraǧa* «faire rouler»> *tadaḥraǧa* «rouler en bas, dévaler»;

2 *ETGA*, I, p. 171.
3 *ETGA*, I, p. 27.
4 Voir *ETGA*, I, p. 33-45.
5 Cité dans *ETGA*, I, p. 109.
6 *ETGA*, I, p. 111.

ḥarǧama «refouler (les chameaux, les bêtes)» > *'iḥranǧama* «s'assembler et se presser (foule, bêtes)»[7].

Dérivation sans augment (*bi-ġayr ziyâda*): (GT)

Elle se produit dans la dérivation verbale, en particulier dans les verbes inaccomplis par rapport à leur accompli (de forme simple) qui est la *binya 'aṣliyya*, la base: p.ex., à partir de la base *fa'ala* de l'accompli sont dérivés *yaf'ulu*, *yaf'ilu*, *yaf'ulu* ou *yaf'ilu*[8].

Epenthèse[9] (GT)

Il s'agit d'éviter la rencontre de deux consonnes sans voyelles dans une même syllabe en ajoutant une voyelle épenthétique.

ḥaḏf (GT)

C'est l'effacement[10], p.ex. dans **yaw'idu* «il promet»> *ya'idu*, il y a effacement du *wâw*.

'ibdâl (GT): C'est la substitution: «il s'agit de substituer un segment à un autre, le nouveau segment devant se trouver à la place exacte de l'ancien, précision capitale qui permet de distinguer la substitution de la compensation (NP: *ta'wîḍ*)»[11]. P.ex., selon les GT, *tuḫama* «indigestion» est dérivé de **wuḫama* par substitution, *haraqtu* «j'ai versé, répandu» de **'araqtu*. Il faut remarquer que les GT incluent dans l'*'ibdâl* des cas comme **iṣtabara* > *iṣṭabara* «être patient», alors que les grammaires occidentales y verraient plutôt une assimilation d'emphase.

'idġâm (GT)

ou gémination: il s'agit d'un processus mettant en jeu uniquement des consonnes semblables. P.ex.: **madada* > *madda* «étendre, allonger» (où **dada* est jugé «lourd» par les grammairiens arabes)[12].

[7] *ETGA*, I, p. 122.
[8] *ETGA*, I, p. 52.
[9] *ETGA*, I, p. 319-330.
[10] *ETGA*, I, p. 199-221.
[11] *ETGA*, I, p. 223.
[12] *ETGA*, I, p. 295-307.

'ištiqâq[13] (GT)

Il s'agit de l'établissement d'une relation formelle et sémantique entre deux mots, p.ex. entre *kawṯar* «homme très généreux» et *kaṯra* «abondance». Il y a relation d'*'ištiqâq* en ce sens que dans *kawṯar*, il y a l'augment (NP: *ziyâda*) /*w* / par rapport à *kaṯra*.

maʿnâ (GT)

Il faut distinguer:

1. Un *maʿnâ* I «lié à la racine, qui n'est autre que la charge sémantique commune à tous les mots dérivés d'une même racine»[14]. P.ex., le *maʿnâ* I ou le *'aṣl* – racine de *ḍaraba* est *ḍ r b*, charge sémantique commune à un certain nombre de mots qui contiennent l'idée de «frapper».

2. Un *maʿnâ* II «qui est lié à la structure (*binya*) dans laquelle se réalise cette racine»[15]. P.ex., le *maʿnâ* II ou *'aṣl* – représentation abstraite de la forme prononcée *qâla* est *qawala* (NP: qui correspond au paradigme *faʿala*. Notons ici que le passage de *qawala* à *qâla* se fait par une forme d'*'ibdâl* appelée *qalb*, voir ci-dessous), de même que le *maʿnâ* II de *ḍaraba* est *faʿala*, soit le paradigme du verbe à l'accompli.

naql (GT)

Il s'agit du transfert vocalique affectant les *voyelles* dans les radicaux à glides (NP: ou semi-voyelles). P.ex., à partir de la représentation sous-jacente (NP: ou *maʿnâ* II ou *'aṣl* – représentation abstraite) *yaqwumu* on aura une transformation par *naql* en *yaquwmu* puis on aboutit à la forme concrète *yaqûmu* «il se lève». On aura de même *yaḫwafu* > *yaḫawfu* > *yaḫâfu* «il craint» et aussi *yabyiʿu* > *yabiyʿu* > *yabîʿu* «il vend»; ou encore: *qawaltu* > *qawultu* (par *taḥwîl* ou changement de timbre) > *quwltu* (*naql*) > *qultu* (par *ḥaḏf*) «j'ai dit»[16] [NP: A première vue, la notion de *syllabe* n'intervient pas dans cette interprétation des faits et d'autre part ici interviennent apparemment des *diphtongues*, selon la phonétique des langues européennes. Mais les notions de *syllabe* et de *diphtongue* doivent être comprises dans des sens bien précis en arabe, voir *Koinè*, II, p. 842: «la langue arabe est une langue sans diphtongues

[13] *ETGA*, I, p. 174-178.
[14] *ETGA*, I, p. 27.
[15] *ETGA*, I, p. 27.
[16] *ETGA*, I, p. 269-294.

phonologiques, sans hiatus, et dans laquelle consonnes et voyelles ne s'opposent pas»).

qalb (GT)

C'est une forme de substitution (*'ibdâl*) en ce sens que le *qalb* consiste à donner à un segment la forme d'un autre, c'est-à-dire à le transformer en cet autre, mais ceci est uniquement valable pour les glides *w*, *y*, ",'. P.ex. *qawama* > *qa"ma* (*qâma*) «il s'est levé»: le *wâw* s'est transformé en *alif* ("); *muysirun* > *muwsirun* (*mûsirun*) «riche, prospère»: le *y* s'est transformé en *w*[17].

qawîy* /*ḍa'îf «fort / faible«(GA, école de Baṣra)

La rection des verbes est considérée comme forte, celle des particules comme faible; le singulier est fort, le pluriel est faible. Ce qui est *'aṣl* (au sens de «base, premier, principal») est fort, ce qui est *far'* («branche, secondaire, accessoire») est faible.

qiyâs (GA, école de Baṣra)

Il s'agit de la méthode analogique de Baṣra. Elle a pour fondement que la langue étant créée par Dieu comme le reste du monde, elle est un reflet de la logique, donc de «l'Intelligence et de la Perfection» divines[18]. Établir des règles de grammaire consiste donc à retrouver dans la langue des expressions de cette Perfection divine. En morphologie, tout le système se développe par le principe d'analogie (*qiyâs*) et de similitude (*tašâkul*): c'est la base des paradigmes qui sont des *'uṣûl* ou bases de développements analogiques; (*'uṣûl* est le pluriel de *'aṣl*: voir ce mot ci-dessus).

šibh* / *farq («ressemblance» / «diversité») (GA, école de Baṣra)

P.ex. le nom d'agent *fâ'il* a une «ressemblance» avec le **nom** quant à son *'aṣl* (les noms d'agent, dit «participes» dans les langues européennes et certains noms substantifs ont des désinences de pluriel sain

[17] *ETGA*, I, p. 224-225 et p. 241-267.
[18] TP, I, p. 2.

en /-*ûna*, /-*îna* / /-*ât* /) et il a une «ressemblance» avec le **verbe** quant à son *far*ʿ (il a un emploi comparable à celui de l'inaccompli).

taʿâdul («équilibre, compensation») (GT, école de Baṣra)

P.ex. dans *ṣaḥrâwât* «déserts» qui a un singulier *ṣaḥrâ'*, «le remplacement de l'*alif* par *wâw* au pluriel a sa compensation dans le remplacement contraire de *wâw* par *alif* dans *'uǧûh* qui est le pluriel de *waǧh* 'visage'»[19].

taqdîr («retrouver ce qui est virtuel») (GA, école de Baṣra)

«C'est l'admission d'un sens virtuel sous le sens naturel du mot»[20]. Ce système d'interprétation permet de rattacher tout au *qiyâs*, ce qui est virtuel étant *far*ʿ et ce qui est exprimé étant *'aṣl*.

taṣrîf («conjugaison du verbe, déclinaison du nom, changement phonétique»)

1. Chez les GA, cette notion ne renvoie qu'à la phonologie.
2. Chez les GT, il faut distinguer un *taṣrîf* I (morphologie) et un *taṣrîf* II (phonologie)[21].

'uṣûl en phonétique (GA, école de Baṣra)

Les phonèmes ou *ḥurûf* sont divisés en *'uṣûl* «articulations principales» et *furû*ʿ «articulations secondaires»[22].

'uṣûl en morphologie (GT)

Ce sont des paradigmes ou bases de développements analogiques (on aura p.ex. *yaktubu* «il écrit» inaccompli 3e pers. sg. masc. sur la base du paradigme *yafʿulu* etc.). Ce qui n'entre pas dans cette forme de *'aṣl* fera en principe partie du domaine du *far*ʿ «accessoire». Ce qui n'est ni *'aṣl*

[19] TP, I, p. 5.
[20] TP, I, p. 7. A noter que G. Bohas (dans une lettre adressée à l'auteur du présent ouvrage) estime plutôt qu'il s'agit de «l'admission d'éléments (grammaticaux ou non) abstraits. C'est une opération syntaxique ou morphologique».
[21] *ETGA*, I, p. 21.
[22] TP, I, p. 4.

ni *far'* fait partie des *šawâḏḏ* ou «formes aberrantes», p. ex. *hâ'ulâ'i* «ceux-ci (êtres animés)».

2. Le développement de la tradition grammaticale arabe

Abû 'l-'Aswad 'l-Du'alî (607-688) était à Médine à l'époque du Califat de 'Umar (634-644). Il fut *qâḍî* (juge musulman) et mourut à Baṣra. Il est considéré par les sources arabes comme le créateur de la grammaire arabe, soit que le travail lui ait été demandé par 'Alî b. Abî Ṭâlib, par 'Umar ou par Ziyâd b. Abîhi. Ce serait en tout cas le Calife 'Alî qui aurait donné à Abû 'l-'Aswad une indication sur la division des mots en *'ism*, *fi'l*, *ḥarf* et il aurait ajouté *'unḥu* «engage-toi dans cette voie!», d'où le nom de *'ilm 'l-naḥw* pour désigner la grammaire. On ajoute à cela deux anecdotes:

1. Ziyâd b. Abîhi aurait engagé Abû-'l-'Aswad à noter les principes que 'Alî lui aurait enseignés. Mais celui-ci refusa dans un premier temps. Cependant, ayant entendu quelqu'un faire une faute dans la récitation du Coran, il finit par accepter.
2. Un *mawlâ* (esclave affranchi) nouvellement converti fit une faute de langage devant Abû 'l-'Aswad. Celui-ci réagit en estimant nécessaire d'élaborer une grammaire et il rédigea un *Kalâm 'l-fi'l, 'l-fâ'il wa 'l-maf'ûl* («Discours sur le verbe, l'agent et le complément»), ouvrage qui circulait encore en Égypte au 12ème siècle. Son enseignement semble avoir été élargi et expliqué par ses élèves (parmi ceux-ci, on compte le grammairien Yaḥyâ b. Ya'mur)[23].

Ibn Abî Isḥâq (650 ou 659-745) fut un élève de Yaḥyâ b. Ya'mur. Il fit un tel usage du *qiyâs* que son attachement au principe de régularité analogique alla jusqu'à lui faire trouver des fautes dans la poésie d'al-Farazdaq. Il est cité par Sîbawayhi, et on lui attribue un *Kitâb 'l-Hamz* («Livre du *hamza*»)[24].

Al-Ḫalîl (vers 718-776): Bien qu'étant surtout connu comme lexicographe, sa contribution à l'élaboration de la grammaire arabe est considérable dans la mesure où son œuvre (connue principalement à travers les citations du *Kitâb* de Sîbawayhi) marque un point de rupture avec ses

[23] Voir EI[1], article *naḥw*, p. 894-895; GAS, IX, p. 31-32; TP, I, p. 22-23.
[24] GAS, IX, p. 36-37.

devanciers qui se contentaient surtout de traiter de questions ponctuelles sans élaborer de doctrine générale. La variété des domaines abordés par al-Ḫalîl, variété qui apparaît à travers les citations de Sîbawayhi, permet de supposer qu'al-Ḫalîl a peut-être élaboré une doctrine grammaticale, mais il reste que nous n'en avons pas la preuve formelle. La question de savoir s'il a diffusé sa doctrine par le seul enseignement oral et non par un livre (perdu?) est encore débattue[25].

Sîbawayhi (757-entre 778 et 810): il serait originaire d'al-Bayḍâ', près de Šîrâz en Iran. Encore assez jeune, il se rendit à Baghdad où il put suivre les enseignements de Yûnus b. Ḥabîb, Abû 'l-Ḫaṭṭâb al-Aḫfaš et al-Ḫalîl b. Aḥmad. Il est connu par un seul ouvrage magistral, le *Kitâb* («Livre») qui représente la première grande compilation de toutes les connaissances grammaticales de ses devanciers. L'époque de la composition de ce livre est celle où se rédigent des traités et l'importance du *Kitâb* dans le domaine grammatical est comparable à celle du *Ṣaḥîḥ* d'al-Buḫârî dans celui du *ḥadîṯ*. Alors que pour les autres compilations, on a vu souvent apparaître d'autres ouvrages de même type par la suite, il n'en fut pas de même pour le *Kitâb*, qui était devenu un ouvrage de base, dispensant de produire des travaux ultérieurs de même type. Cependant le *Kitâb* n'était considéré par les philologues ni comme parfait, ni comme complet. En effet, l'ami et élève de Sîbawayhi, al-Aḫfaš al-Awsaṭ (mort en 830), entreprit de transmettre le *Kitâb* de sa propre initiative car de son vivant et au moment opportun, Sîbawayhi n'aurait plus été en état de donner à qui que ce fût le droit de transmission de son œuvre. Al-Aḫfaš avait l'habitude de dire que Sîbawayhi n'aurait écrit aucun passage de son livre sans le lui avoir soumis au préalable. Craignant qu'al-Aḫfaš ne finisse par s'attribuer lui-même la paternité du *Kitâb*, ses deux jeunes contemporains Abû ʿUmar al-Ǧarmî et Abû ʿUṯmân al-Mâzinî étudièrent le *Kitâb* de façon approfondie chez al-Aḫfaš et purent ainsi le transmettre sous le nom de Sîbawayhi. On pense que le *Kitâb* était déjà bien avancé du vivant d'al-Ḫalîl et qu'il aurait été achevé après sa mort. On commença à commenter le *Kitâb* dès la fin du 8ème siècle et le début du 9ème siècle. Dès cette époque, une distinction s'établit de plus en plus entre la partie morphologique de la grammaire et ses autres aspects[26]. La recherche sur le *Kitâb* de Sîbawayhi a fait récemment des progrès notables avec la parution du livre de GENEVIÈVE

[25] GAS, IX, p. 45-46; TP, I, p. 28.
[26] GAS, IX, p. 51-63.

HUMBERT, *Les voies de la transmission du Kitâb de Sîbawayhi*, «Studies in Semitic Languages and Linguistics», XX, E.J. Brill, Leiden, New York, Köln, 1995.

Al-Kisâ'î (mort en 805). Il étudia à Kûfa. Il rencontra al-Ḫalîl b. Aḥmad à Baṣra. Il séjourna longtemps chez les bédouins et enseigna au futur Calife Hârûn 'l-Rašîd. Il compta al- Farrâ' parmi ses élèves. Il est surtout connu comme un des «lecteurs des sept lectures canoniques du Coran» se basant surtout sur les lectures de la majorité, mais utilisant aussi l'*i'tibâr* (comparer ce qui est apparent avec ce qui est caché et en tirer des conséquences par analogie), ce qui lui permit de retenir parfois une leçon minoritaire en la considérant comme une ancienne leçon majoritaire. On a souvent critiqué ses connaissances grammaticales en affirmant que les connaissances correctes qu'il avait acquises chez al-Ḫalîl ont été corrompues plus tard par les témoignages linguistiques inauthentiques ou incorrects qu'il avait recueillis auprès des bédouins vivant à Baghdad. On l'a même accusé de n'avoir jamais su la grammaire, lui pas plus que les autres représentants de l'école grammaticale de Kûfa. Il a écrit un *Kitâb muḫtaṣar 'l-naḥw* («Livre résumé de la grammaire»)[27].

Al-Farrâ' (761-822): Il est né à Kûfa et son ouvrage monumental est le *Ma'ânî 'l-Qur'ân* («Les significations du Coran»). Il abandonna le concept de «ressemblance» de l'école grammaticale de Baṣra, notamment pour expliquer le *muḍâri'* («inaccompli») «et d'une manière générale, préférait argumenter en citant un vers (c'est-à-dire l'usage) comme il avait été transmis. Il se fit des termes à lui, dont quelques-uns ont été conservés comme particuliers à la grammaire de Kûfa»[28] comme: K *ṣifa* pour B *ẓarf*; K *'adât* pour B *ḥarf*; K *al-fi'l 'l-wâqi'* pour B *al-fi'l 'l-muta'addî*. (K = Kûfa; B = Baṣra). Parmi ses maîtres figuraient Yûnus b. Ḥabîb, al-Ru'asî, al-Kisâ'î, parmi ses élèves Ibn 'l-Sikkît. Sa formation est donc baṣrienne à l'origine (par Yûnus b. Ḥabîb dont il dépend) et il fait souvent apparaître sa dépendance à l'égard des philologues de Baṣra, bien qu'il soit un des fondateurs de l'école grammaticale de Kûfa. Dans la lecture coranique, il applique comme les Kûfiens la principe de l'emploi de l'*i'tibâr* dans le sens de «résolution d'une difficulté de lecture de la recension 'uṯmânienne à partir du texte parallèle déviant d'Ibn

[27] GAS, IX, p. 129.
[28] TP, I, p. 30.

Masʿûd». Parmi ses ouvrages conservés figurent le *Kitâb 'l-muḏakkar wa 'l-mu'annaṯ* («livre du masculin et du féminin») et le *Kitâb 'l-maqṣûr wa 'l-mamdûd* («livre de (l'*alif*) abrégé et allongé»)[29].

Al-Aḫfaš 'l-Awsaṭ (mort en 830): ce fut un disciple zélé de Sîbawayhi, dont il transmit et expliqua le *Kitâb*. Il l'élargit par des définitions et des justifications qui y manquaient. Un certain nombre d'indices laissent supposer que sur plusieurs points où les Kûfiens al-Kisâ'î et al-Farrâ' divergent de Sîbawayhi dans leur méthode d'argumentation et leurs idées, ils le doivent à al-Aḫfaš 'l-Awsaṭ. La plupart de ses ouvrages ne sont connus que par des citations de grammairiens.

[29] TP, I, p. 30 et GAS, IX, p. 131-134.

Première partie:

Morphologie (*'al-ṣarf*)

1. Définition de la flexion morphologique (*taʿrîf 'l-ṣarf*)

1.1. Définition de la flexion morphologique (*taʿrîf 'l-ṣarf*): c'est une science qui étudie (*huwa ʿilm yabḥaṯ ʿan)* la transformation du mot (*taḥwîl 'l-kalima*) en formes différentes (*'ilâ ṣuwar muḫtalifa)* selon le sens visé (*ḥasab 'l-maʿnâ 'l-maqṣûd*).

1.2. Le mot est de trois sortes (*'al-kalima ṯalâṯat 'anwâʿ)*: nom (*'ism*): *rağul*, verbe (*fiʿl)*: *šariba*, particule (*ḥarf*): *ʿalâ, min, fî, 'in.*

1.3. La flexion ne porte que sur le nom et le verbe (*'inna 'l-taṣrîf yağrî ʿalâ 'l-ism wa 'l-fiʿl faqaṭ)* car ils subissent la transformation en formes différentes (*li'annahumâ yaqbalân 'l-taḥwîl 'ilâ ṣuwar muḫtalifa)*. Elle ne porte pas sur la particule (*lâ yağrî ʿalâ 'l-ḥarf*) car elle a obligatoirement une forme unique (*li-'annah yulâzim ṣûra wâḥida)*.

1.4. La transformation du mot d'une forme à une autre est appelée *taṣrîf* (variation) (*'inna taḥwîl 'l-kalima min ṣûra 'ilâ 'uḫrâ yusammâ taṣrîfan)*.

1.5. La variation morphologique des verbes se fait par leur transfert (*yakûn taṣrîf 'l-'afʿâl bi-naqlihâ*) de l'accompli à l'inaccompli et à l'impératif (*min 'l-mâḍî 'ilâ 'l-muḍâriʿ fa-'l-'amr*), p. ex. (*naḥwa*): *fariḥa* > *yafraḥu* > *'ifraḥ* [NP: Il y a transfert de l'accompli à l'inaccompli et non le contraire parce que, dans la théorie des grammairiens arabes, le principe de base est que le **nom** est ***muʿrab*** (susceptible de recevoir la flexion désinentielle) tandis que le **verbe** est ***mabnîy*** (non susceptible de recevoir la flexion désinentielle), dans son état normal, ***'aṣlan***, c'est-à-dire à l'ACCOMPLI, tandis qu'il est ***muʿrab***, secondairement, ***farʿan***, à l'INACCOMPLI par la «ressemblance» de ce dernier avec le *'ism 'l-fâʿil* participe actif. Ajoutons que cette ressemblance est à la fois morphologique et syntaxique: «le nom (*'ism*) de forme *fâʿil* est dérivé de l'inaccompli dont il possède la structure et le *maʿnâ* II. Sa spécification propre, en tant que forme morphologique, est d'indiquer l'être du sujet. C'est parce qu'il existe entre lui et le verbe à l'inaccompli cette ressemblance dans la structure et le *maʿnâ* II qu'il peut jouer le même rôle syntaxique que lui» (*ETGA 1*, p. 150). On comparera p.ex. *YuKRiM(u)* à *MuKRiM(un)* où l'on a une séquence CVCCVC et *YaḌRiB(u)* à *ḌâRiB(un)* = *Ḍa"RiB(un)* où l'on a une séquence CVCCVC. Il en découle que, dans la conception des grammairiens arabes (de Baṣra), le **nom** est, dirait-on en linguistique moderne, une catégorie **non marquée**, c'est-à-dire qu'elle présente plus de formes variées et d'irrégularités que le verbe (voir par exemple: *nufûs* et *ʾanfus*, deux formes de pluriel pour «âmes») par opposition au **verbe** qui est une catégorie **marquée**, c'est-à-dire qui possède moins de formes variées et d'irrégularités que le nom (voir par exemple: *yaktubûna* «ils écrivent»: une seule forme de pluriel, *ḍâribûna*, une seule forme de participe actif pluriel etc.). Voir sur ces catégories marquée et non-marquée dans la grammaire arabe, *FG*, p. 218-220. On rappellera qu'il ne semble pas possible de traduire le mot ***ʾiʿrâb*** autrement que par une périphrase: *huwa 'iḫtilâf ʾâḫir 'l-kalima bi-'ḫtilâf 'l-ʿawâmil lafẓan ʾaw taqdîran:* «c'est la différence qui a lieu, effectivement ou virtuellement, dans la finale du mot, en raison des différents antécédents qui le régissent», (cf. article *ʾiʿrâb*, EI², III, p. 1281, citation d'al-Ǧurǧânî, *Taʿrîfât*, Le Caire, 1321, p. 20, traduction du P. H. Fleisch. A notre avis, il serait préférable de traduire *lafẓan* par «formellement» et *ʿawâmil* par «régissants»)].

1.6. La variation morphologique des noms se fera (*yakûn taṣrîf 'l-ʾasmâʾ*):
– par leur transfert (*bi-naqlihâ ʾilâ*) au duel (*'l-muṯannâ*) ou au pluriel (*ʾaw 'l-ǧamʿ*): *nahr* > *nahrâni* > *ʾanhâr*. [NP: on voit que, selon cette conception grammaticale, le singulier est *ʾaṣl* tandis que le duel et le pluriel sont *farʿ*].
– par leur mise au diminutif (*bi-taṣġîrihâ*): *nahr* > *nuhayr* [NP: le *mukabbar* est *ʾaṣl*, le *muṣaġġar* est *farʿ*].
– par leur suffixation de /*îy* / (*bi-'l-nisba ʾilayhâ*): *nahr* > *nahrîy* (le *'ism mansûb ʾilayh*, *nahr*, est *ʾaṣl*, le *'ism mansûb*, *nahrîy*, est *farʿ*).
[NP: seul le *'ism mutaṣarrif*, nom susceptible de recevoir la flexion morphologique **complète**, connaît le *taṣrîf*. Le *'ism ġayr mutaṣarrif*, nom non susceptible de recevoir la flexion morphologique complète, comme *hâḏâ* (*'ism 'išâra*), *kayfa* (*'ism 'istifhâm*) etc., n'a pas de *taṣrîf*].

2. Subdivision du verbe (*taqsîm 'l-fiʿ l)*

2.7. le verbe est un mot/forme phonétique (*'al-fiʿl huwa lafẓ)* qui indique (*yadull ʿalâ)* un état (*ḥâla)* ou un événement (*ʾaw ḥadaṯ*) dans le temps passé (*fî 'l-mâḍî)* ou le présent (*ʾaw 'l-ḥâḍir*) ou l'avenir (*ʾaw 'l-mustaqbal*). [NP: il faut signaler que, pour l'école grammaticale de **Kûfa**, le **verbe** est le *ʾaṣl 'l-muštaqqât*, la base des autres dérivations, p.ex. le maṣdar *laʿib* dérive du verbe *laʿiba*, tandis qu'à l'inverse, pour l'école de **Baṣra**, le **maṣdar** est le *ʾaṣl 'l-muštaqqât*, et donc le verbe *laʿiba* dérive du maṣdar *laʿib*. Voir en particulier *ETGA*, I, p. 129-148].

2.8. Le verbe (*'al- fiʿl*), du point de vue (*bi- 'ʿtibâr*) du nombre de ses consonnes radicales (*ʿadad ḥurûfih 'l-ʾaṣliyya*), est de deux sortes (*nawʿân*):
– trilitère (*ṯulâṯîy*): c'est celui qui est composé (*huwa mâ kâna murakkaban min)* de trois consonnes (*ṯalâṯat ʾaḥruf*), comme (*naḥwa)*: *naṣara*.
– quadrilitère (*rubâʿîy*): c'est celui qui est composé de quatre consonnes (*huwa mâ kâna murakkaban min ʾarbaʿat ʾaḥruf*) comme: *daḥraǧa*.

2.9. Le verbe trilitère (*al-fiʿl 'l-ṯulâṯîy*), du point de vue de (la nature) de ses consonnes radicales (*bi-'ʿtibâr ḥurûfih 'l-ʾaṣliyya)* est de deux sortes (*nawʿân*): sain (*ṣaḥîḥ*) et débile (*muʿtall*).

2.10. Le verbe sain (*'al-fiʿl 'l-saḥîḥ*) est celui dont les racines sont dépourvues (*huwa mâ ḫalat ʾuṣûluh)* des consonnes débiles (*min ḥurûf 'l-ʿilla*). Il est de trois sortes (*huwa ṯalâṯat ʾanwâʿ*): intègre (*sâlim*), hamzé (*mahmûz)*, redoublé (*muḍâʿaf*), comme: *ʿalima*, *saʾala*, *farra*.

2.11. Le verbe intègre est le verbe sain dont les racines sont dépourvues du hamza et du redoublement comme (*'al-fiʿl 'l-sâlim huwa 'l-fiʿl 'l-ṣaḥîḥ 'llaḏî ḫalat ʾuṣûluh mina 'l-hamz wa 'l-taḍʿîf*): *ʿalima*, *salima*, *ḍaraba*, *šakara*.

2.12. Le verbe débile (*'al-fiʿl 'l-muʿtall*) est celui dont une des racines (*huwa mâ kâna ʾaḥad ʾuṣûlih)* est une consonne débile (*ḥarf-'l-ʿilla*) comme: ***waʿada***, ***qâla***, ***ramâ***.

2.13. Les lettres débiles sont trois (*ḥurûf 'l-ʿilla ṯalâṯa*): le *ʾalif*, le *wâw*, le *yâʾ*. [NP: ces trois segments sont groupés par les grammairiens arabes car il s'agit de glides. Ils sont toujours associés par ces grammairiens à la consonne ʾ. Les glides et le ʾ ont notamment ceci en commun: ils subissent des transformations d'une espèce particulière. Alors «qu'entre les consonnes il y a substitution d'un segment à un autre, (...) entre les glides et le ʾ, il y a transformation: on donne à l'un de ces segments la forme phonétique d'un autre» (*ETGA*, I, p. 241. Sur la nature complexe des mutations de *w* et *y* en *ʾalif* dans les théories des grammairiens arabes tardifs, voir en particulier *ibid.*, p. 241-267). Il est remarquable d'observer que ces théories permettent d'offrir une explication du maintien du *w* et du *y* dans des verbes du type *ʿawira*, des formes comme *ǧawalân*, ainsi que d'élucider la nature réelle de «l'allongement» dans le *'ism mamdûd* comme *ṣaḥrâʾ*)].

2.14. Le redoublement (*'al-taḍʿîf huwa*) est le fait que soient réunies dans les radicales du verbe (*ʾan yaǧtamiʿ fî ʾuṣûl 'l-fiʿl*) deux lettres d'une même espèce (*ḥarfân min ǧins wâḥid*) comme: *ša**dd**a*, *za**l**za**l**a*.

3. Le verbe sain et le verbe débile (*'al-fiʿl 'l-ṣaḥîḥ wa 'l-muʿtall*)

3.15. Le paradigme du verbe trilitère (*mîzân 'l-fiʿl 'l-ṯulâṯîy*) est *faʿala*. C'est pour cette raison que la première consonne (d'un verbe) est appelée (*li-ḏalika yusammâ 'l-ḥarf 'l-ʾawwal*) «*fâʾ*» du verbe (*fâʾ 'l-fiʿl*), la deuxième consonne radicale, le «*ʿayn*» du verbe (*'al-ḥarf 'l-ṯânî ʿayn 'l-fiʿl*), la troisième consonne radicale, le «*lâm*» du verbe (*'al-ḥarf 'l-ṯâliṯ lâm 'l-fiʿl*).

3.16. Le verbe redoublé (*'al-fiʿl 'l-muḍâʿaf*) est celui qui comporte dans ses radicales (*huwa mâ wuǧida fî ʾuṣûlih*) deux consonnes d'une seule espèce (*ḥarfân min ǧins wâḥid*) p.ex. *fa**rr**a* (*farara*).

3.17. Le verbe hamzé (*'al-fiʿl 'l-mahmûz*) est celui dont l'une des radicales est un hamza (*huwa mâ kâna ʾaḥad ʾuṣûlih hamza*), p.ex.: *ʾakala*.

3.18. Le verbe hamzé (*'al-fiʿl 'l-mahmûz*) est de trois sortes (*ṯalâṯat ʾanwâʿ*):
– dont la première radicale est hamza (*mahmûz-'l-fâʾ*): *ʾaḫaḏa*.
– dont la deuxième radicale est hamza (*mahmûz-'l-ʿayn*): *saʾala*.
– dont la troisième radicale est hamza (*mahmûz-'l-lâm*): *našaʾa*.

3.19. Le verbe débile (*'al-fiʿl 'l-muʿtall)* est de trois sortes (*ṯalâṯat 'anwâʿ*):
– assimilé (*miṯâl*): dont la première radicale est débile (*wa huwa muʿtall-'l-fâ'*): *waʿada.*
– concave (*'aǧwaf*): dont la deuxième radicale est débile (*wa huwa muʿtall-'l-ʿayn*): *qâla.*
– défectueux (*nâqiṣ*): dont la troisième radicale est débile (*wa huwa muʿtall 'l-lâm*): *daʿâ, ramâ.*

3.20. Le verbe qui contient deux lettres débiles (*'inna 'l-fiʿl 'llaḏî fîh ḥarfâ ʿilla)* est appelé doublement défectueux (*yusammâ 'l-fiʿl 'l-lafîf*). Il est de deux sortes (*wa huwa nawʿân*):
– doublement défectueux séparé (*lafîf mafrûq*) est celui dont la première consonne radicale et la troisième sont débiles (*huwa mâ 'ʿtallat fâ'uh maʿa lâmih*) p.ex. ***wafâ*** (1+3).
– doublement défectueux joint (*lafîf maqrûn*) est celui dont la deuxième consonne radicale et la troisième sont débiles (*huwa mâ 'ʿtallat ʿaynuh maʿa lâmih)* p.ex. *šawâ* (2+3).

3.21. On considère (*yuʿtabar*) pour (dans) la hamzéité (du verbe) (*fî 'l-hamz*), le redoublement (du verbe) (*wa-'l-taḍʿîf*) et la débilité (du verbe) (*wa'l-ʿilla*) les radicales du verbe (*'uṣûl 'l-fiʿl*) dépourvues des augments (*muǧarrada ʿan 'l-zawâ'id*), ainsi (*wa hakaḏâ fa 'inna*):
– *'inṭalaqa* n'est pas hamzé car sa racine est *ṭ l q (laysa mahmûzan li-'anna 'aṣlah ṭ l q)* [NP: ici le *hamza* est un élément phonétique instable (*hamza 'l-zâ'ida*) et non radical];
– *qâtala* n'est pas débile car sa racine est *q t l* (*laysa muʿtallan li-'anna 'aṣlah q t l)* [NP: ici le */â /= /a''/* soit *fatḥa +'alif)/* est un élément morphologique et non radical];
– *qaddama* n'est pas (une racine) redoublée [NP: il n'est pas *muḍâʿaf* mais *mušaddad*, intensifié car */dd/*, soit le **redoublement** de la deuxième radicale, est un élément morphologique et non radical] car sa racine est *q d m* (par opposition à *farra* dont la racine est **farara*)(*laysa muḍâʿafan li-'anna 'aṣlah q d m*).

4. Les (verbes) trilitères augmentés*(mazîdât 'l-ṯulâṯîy)*

4.22. Le verbe trilitère dépouillé (*'al-fiʿl 'l-ṯulâṯîy 'l-muǧarrad*) est celui dans lequel (sont) les consonnes radicales seulement (*huwa mâ kânat fîh 'l-ḥurûf 'l-'aṣliyya waḥdahâ)* sans aucun ajout à celles-ci (*min ġayr ziyâda ʿalayhâ*) p.ex. *naṣara, ʿarafa.*

4.23. Le verbe trilitère augmenté (*'al-fiʿl 'l-ṯulâṯîy 'l-mazîd*) est celui dans lequel on ajoute aux trois consonnes radicales (*huwa mâ 'uḍîfa fîh 'ilâ 'l-ḥurûf 'l-ṯalâṯa 'l-'aṣliyya)*:
– une seule lettre (*ḥarf wâḥid*): ***'a**krama*, *q**â**tala* [NP: dérivés 4 et 3 dans les grammaires arabes en langues européennes. A noter que *qâtala* est transcrit ici selon la forme habituelle que lui donnent les arabisants. Mais il faut bien réaliser qu'il ne s'agit là que d'une forme de surface, la forme sous-jacente étant *qa"tala*: «En particulier, au niveau sous-jacent, [*â*] s'analyse en *a"* où «est le *'alif*, glide abstrait, sans aucune autre réalisation phonétique que comme **allongement du *a*** (souligné par nous)» (*ETGA*, I, p. 150). Seule cette formulation permet de comprendre que la *ziyâda* dont il est question ici est le *'alif* qui allonge la *fatḥa*. Par convention, les formes sous-jacentes seront précédées d'un astérisque (*) dans la suite des notes personnelles sur le texte].
– deux lettres (*ḥarfân)*: p.ex. ***'in**ṭalaqa*, ***ta**ʿ**â**qaba* [NP: dérivés 7 et 6].
– trois lettres *(ṯalâṯat 'aḥruf)*: ***'ist**aġfara* [NP: dérivé 10].

4.24. Si on ajoute au trilitère **une seule lettre** (*'iḏâ zîda ʿalâ 'l-ṯulâṯîy ḥarf wâḥid)*, il se présente sous **trois schèmes** (*ya'tî ʿalâ ṯalâṯat 'awzân*):
***'a**fʿala (bi-ziyâdat hamza fî 'awwalih)* avec ajout d'un hamza à l'initiale: *'aḫbara.*
faʿʿala: avec intensification de la deuxième radicale du verbe (*bi-tašdîd ʿayn 'l-fiʿl)*: *ḫabbara* (*ḫab/**ba**/ra).*
*f**â**ʿala* (= *fa" ʿala*): avec ajout du 'alif (*bi-ziyâdat 'alif*) (à l'initiale): *ḫâbara.*

4.25. Si on ajoute deux lettres au trilitère (*'iḏâ zîda ʿalâ 'l-ṯulâṯîy ḥarfân*), il se présente sous 5 schèmes (*ya'tî ʿalâ ḫamsat 'awzân*):
***'infa**ʿala*, avec ajout du *hamza* et du *nûn* (*bi-ziyâdat 'l-hamza wa 'l-nûn*): *'inqabala.*
***'ifta**ʿala*, avec ajout du *hamza* et du *tâ'* (*bi-ziyâdat 'l-hamza wa 'l-tâ'*), p.ex. *'iqtabala.*
***ta**faʿʿala*, avec ajout du *tâ'* et intensification de la 2e consonne radicale (*bi-ziyâdat 'l-tâ' wa tašdîd 'l-ʿayn*) p.ex. *taqabbala* (*ta/qab/**ba**/la).*
taf**â**ʿala (= *tafa" ʿala*) avec ajout du *tâ'* et du *'alif* (*bi-ziyâdat 'l-tâ' wa 'l-'alif*), p.ex. *taqâbala.*
'if**ʿ**alla**,* avec ajout du *'alif* et intensification de la 3e consonne radicale (*bi-ziyâdat 'alif wa tašdîd 'l-lâm*): *'iḥmarra* (*'iḥ/mar/**ra).

4.26. Si on ajoute au trilitère trois lettres (*'iḏâ zîda ʿalâ 'l-ṯulâṯîy ṯalâṯat 'aḥruf)*, il se présente sous deux schèmes (*ya'tî ʿalâ waznayn*):

'istafʿala: avec ajout du *hamza*, du *sîn* et du *tâ'* (*bi-ziyâdat 'l-hamza wa 'l-sîn wa 'l-tâ'*: *'istaġfara*.
'ifʿawʿala: avec ajout du *hamza*, du *wâw* et d'un des *ʿayn* (*bi-ziyâdat 'l-hamza, 'l-wâw wa 'iḥdâ 'l-ʿaynayn*): *'iḥdawdaba*.

4.27. Les schèmes des trilitères à ajout sont dix (*'awzân mazîdât 'l-ṯulâṯîy ʿašara: 'afʿala, faʿʿala, fâʿala, 'infaʿala, 'iftaʿala, tafaʿʿala, tafâʿala, 'ifʿalla, 'istafʿala, 'ifʿawʿala*).

4.28. Les formes usitées parmi celles-ci ne (peuvent) être connues que par l'usage (*'al-mustaʿmala minhâ tuʿraf min kutub 'l-luġa). P.ex.* de *fataḥa*, on ne forme pas un schème *'aftaḥa* ni *'iftawtaḥa* (*lâ yuṣâġ minh waznâ 'afʿala wa 'ifʿawʿala).*

5. Les verbes augmentés des quadrilitères (*mazîdât 'l-rubâʿîy*)

5.29. Le verbe quadrilitère est de deux sortes (*'al-fiʿl 'l-rubâʿîy nawʿân*):
– intègre (*sâlim*), c'est celui dont les consonnes radicales sont dépourvues de redoublement (*wa huwa mâ ḫalat 'uṣûluh min 'l-taḍʿîf*): *daḥraǧa*.
– redoublé (*muḍâʿaf*), c'est celui dans lequel la première consonne radicale est comme la troisième (*huwa mâ kâna 'l-ḥarf 'l-'awwal fîh miṯla 'l-ṯâliṯ*), et la deuxième consonne radicale est comme la quatrième (*wa 'l-ṯânî miṯla 'l-râbiʿ*): *zalzala*.

5.30. Le schème du verbe quadrilitère est ***faʿlala*** (*mîzân 'l-rubâʿîy faʿlala*) avec répétition de la 3e consonne radicale (*bi-takrâr 'l-lâm*). Ses consonnes radicales sont appelées comme les consonnes radicales du trilitère et elles s'appellent en conséquence (*wa 'aḥrufuh tusammâ ka 'aḥruf 'l-ṯulâṯîy fa tusammâ)*:
– la première consonne radicale de celui-ci le *fâ'* (*'al-ḥarf 'l-'awwal minh 'l-fâ'*); la 2e consonne radicale de celui-ci le *ʿayn* (*'al-ḥarf 'l-ṯânî 'l-ʿayn)*; la 3e consonne radicale le premier *lâm* (*'al-ḥarf 'l-ṯâliṯ 'l-lâm 'l-'ûlâ)*; la 4e consonne radicale l'autre *lâm* (*'al-ḥarf 'l-râbiʿ 'l-lâm 'l-'uḫrâ).*

5.31. Le verbe quadrilitère dépouillé (*'al-fiʿl 'l-rubâʿîy 'l-muǧarrad*) est celui qui est dépourvu d'augment (*huwa mâ kâna ḫâliyan mina 'l-ziyâda)*, c'est-à-dire dans lequel il n'y a rien d'autre que les 4 consonnes radicales (*'ay laysa fîh ġayr 'l-'aḫruf 'l-'arba'a 'l-'aṣliyya),* p.ex. *daḥraǧa.*

5.32. Le verbe quadrilitère augmenté (*al-fi'l 'l-rubâ'îy 'l-mazîd)* est celui dont une lettre ou deux lettres ont été additionnées aux radicales (*huwa mâ 'uḍîfa 'ilâ 'uṣûlih 'l-'arba'a ḥarf 'aw ḥarfân*).

5.33. Si on ajoute au verbe quadrilitère une seule lettre (*'iḏâ zîda 'alâ 'l-rubâ'îy ḥarf wâḥid),* il se présente sous un seul schème qui est (*ya'tî 'alâ wazn wâḥid wa huwa*): ***tafa'lala*** avec ajout du *tâ'* (*bi-ziyâdat 'l-tâ'),* p.ex. *tadaḥraǧa.*

5.34. Si on ajoute au verbe quadrilitère deux lettres (*'iḏâ zîda 'alâ 'l-rubâ'îy ḥarfân),* il se présente sous deux schèmes (*ya'tî 'alâ waznayn):*
– ***'if'anlala***, avec ajout du hamza et du nûn (*bi-ziyâdat 'l-hamza wa 'l-nûn*), p.ex. *'iḥranǧama.*
– ***'if'alalla***, avec ajout du hamza et intensification du 2e lâm (*bi-ziyâdat 'l-hamza wa tašdîd 'l-lâm 'l-ṯânî*): *'iqša'arra.*

5.36. Les formes des verbes augmentés quadrilitères sont trois (*'awzân mazîdât 'l-rubâ'îy ṯalâṯa*): ***tafa'lala 'if'anlala 'if'alalla.***

6. La forme de l'accompli (*ṣîġat 'l-mâḍî*) [NP: le mot «forme» semble être le seul qui soit suffisamment abstrait pour traduire par un seul terme les termes techniques grammaticaux arabes synonymes que sont: *mîzân ṣarfîy, wazn, miṯâl, binâ', ṣîġa, zina, bunya, wizân, binâ' ṣarfîy, mawzûn bih, ṣûra.* Voir sur ces termes *al-Ḫalîl,* p. 443].

6.37. Le verbe a trois formes (*li 'l-fi'l ṯalâṯ ṣiyaġ)* qui sont (*wa hiya)*: l'accompli (*'al-mâḍî),* l'inaccompli (*'al-muḍâri'*), l'impératif (*'al-'amr):*

6.38. Le verbe accompli est celui qui renvoie à un état ou un événement (situé) dans un temps antérieur à celui dans lequel tu te trouves (*'al-fi'l 'l-mâḍî huwa mâ dalla 'alâ ḥâla 'aw ḥadaṯ fî zamân qabla 'llaḏi 'anta fîh),* p. ex. *karuma* (état), *'aḫaḏa* (événement), c'est-à-dire: il y a un petit moment ou hier ou il y a un (certain) temps (*'ay qabl hunayha 'aw 'l-bâriḥa 'aw munḏu zaman*).

6.39. La finale du verbe accompli est toujours **construite** (*'âḫir 'l-fi'l 'l-mâḍî* ***mabnîy*** *dâ'iman)* [NP: sur les notions de ***binâ'*** et de ***'i'râb*** dans

la théorie des grammairiens arabes, voir H. Fleisch, TP, II, p. 133 et sv.: «**construit**» s'oppose à «**régi**», ***muʿrab***, dans le sens où ce qui est «construit» (*mabnîy)* (invariablement) sur une voyelle ne dépend pas d'un régissant, ***ʿâmil*** (p.ex. un verbe qui précède), tandis que ce qui est régi (*muʿrab*) dépend d'un régissant et a une voyelle finale qui varie en fonction de celui-ci]:
– construite sur la voyelle /***a***/ (*mabnîy ʿalâ 'l-fatḥ)*: *ḍarab**a**, daḥraǧ**a*** (mais si la finale est *ʾalif* — *ʾiḏâ kâna ʾâḫiruh ʾalifan* — p.ex. *daʿâ* (= **daʿa"*), *ramâ* (= **rama")*, la voyelle /a/ s'y trouve virtuellement — *takûn ʾl-fatḥa* ***muqaddara*** *ʿalayh* — à cause de l'impossibilité, car le *ʾalif* n'accepte pas la voyelle — (*li 'l-**taʿaḏḏur** li ʾanna 'l-ʾalif lâ taqbal 'l-ḥaraka*).
– construite sur la voyelle /**u**/ (*mabnîy ʿalâ 'l-ḍamm*), lorsque celle-ci se joint au *wâw* du pluriel (*ʾiḏâ 'ttaṣala bi-wâw 'l-ǧamâʿa)*: *ḍarab**û.*** (= **ḍarab**uw***).
– construite sur le ***sukûn*** lorsque celui-ci se joint au pronom [NP: ce terme correspond par certains aspects au pronom personnel des langues européennes] du nominatif vocalisé (*mabnîy ʿalâ 'l-sukûn ʾiḏâ 'ttaṣala bi-ḍamîr rafʿ mutaḥarrik*): *ḍara**btu**.*

6.40. Le *hamza* d'ajout au début du verbe accompli est (*ʾinna 'l-hamza 'l-zâʾida fî ʾawwal 'l-fiʿl 'l-mâḍî takûn)*:
– le hamza de coupure avec voyelle /a/ dans le verbe à 4 lettres (*hamzat qaṭʿ maftûḥa fî 'l-rubâʿîy)*: *ʾakrama.*
– le hamza de liaison avec voyelle /i/ dans les verbes à 5 et à 6 lettres (*hamzat waṣl maksûra fî 'l-ḫumâsîy wa 'l-sudâsîy)*: *'inṭalaqa, 'istaġfara, 'iqšaʿarra.*

6.41. Tout ce qui porte une voyelle en fait de verbe accompli sauf la 2e consonne radicale, sa voyelle est /a/ d'une façon absolue (*ʾinna kull mâ taḥarraka mina 'l-fiʿl 'l-mâḍî siwâ 'l-ʿayn fa ḥarakatuh 'l-fatḥa muṭlaqan)*, p.ex. ***ʾakrama, tadaḥraǧa.***

6.42. La 2e consonne radicale du verbe trilitère dépouillé (*ʾinna ʿayn 'l-ṯulâṯîy 'l-muǧarrad)* porte la voyelle /a/ ou /u/ ou /i/ (*takûn maftûḥa ʾaw maḍmûma ʾaw maksûra*), comme dans (*kamâ fî): ḍaraba, karuma, ʿalima*, et elle ne tombe pas sous (le coup) d'une règle (*fa lâ taqaʿ taḥta ḍâbiṭ).*

7. La forme de l'inaccompli (*ṣîġat 'l-muḍâriʿ*)

7.43. Le verbe inaccompli est celui qui renvoie à un état ou à un événement (*'al-fiʿl 'l-muḍâriʿ mâ dalla ʿalâ ḥâla ʾaw ḥadaṯ*) situé dans le temps présent ou futur (*fî zamân 'l-ḥâl 'aw 'l-'istiqbâl*), p.ex.: *yatakallamu ('al-'ân 'aw ġadan)*.

7.44. L'inaccompli est formé à partir de l'accompli en ce sens qu'on ajoute à l'initiale de l'accompli une des lettres de l'inaccomplissement (*'al-muḍâri' yuṣâġ min 'l-mâḍî bi-'an yuzâd fî 'awwal 'l-mâḍî 'aḥad 'aḥruf 'l-muḍâra'a*) [NP: On utilise ici le terme «inaccomplissement» pour distinguer *muḍâra'a* de *muḍâri'* «inaccompli»: *'al-muḍâra'a* (...) *'aḥad 'l-'awâmil 'l-ma'nawiyya wa huwa 'âmil raf' 'l-muḍâri'* «l'inaccomplissement est un des régissants sémantiques (ou abstraits), c'est le régissant de l'indicatif/nominatif de l'inaccompli», *al-Ḫalîl*, p. 400. Ceci signifie que dans *taḍribu* par exemple, c'est la seule absence (élément abstrait) d'un régissant formel de l'inaccompli subjonctif ou apocopé, comme *'an* ou *lam* p.ex., qui entraîne l'inaccompli indicatif. On rappelle que pour les grammairiens arabes (de Baṣra), on a une première base, *'aṣl*: l'*'i'râb* est le propre du **nom**, puis une seconde: le *binâ'* est le propre du **verbe** et des **particules,** TP, II, p. 135. Il faut observer que, souvent, *'aṣl* correspond au terme non marqué et *far'* au terme marqué de la linguistique moderne. Voir *supra*, 1.5, NP, et *FG*, p. 218-220].

7.45. Les lettres de l'inaccompli sont quatre (*'aḥruf 'l-muḍâra'a 'arba'a*): *'alif, nûn, yâ', tâ'*: */'/atakallamu, /na/takallamu, /ya/takallamu, /ta/takallamu.* Elles portent soit la voyelle /u/, soit la voyelle /a/ (*wa takûn 'aḥruf 'l-muḍâra'a 'immâ maḍmûma wa 'immâ maftûḥa).*

7.46. La lettre de l'inaccompli porte la voyelle /u/ dans le verbe dont l'accompli est composé de 4 consonnes (*yakûn ḥarf 'l-muḍâra'a maḍmûman fî 'l-fi'l 'l-murakkab mâḍîh min 'arba'at 'aḥruf*), p.ex.: *zalzala* > ***yu****zalzilu, 'akrama,* ***yu****krimu* [NP: l'inaccompli doit nécessairement dériver de l'accompli en vertu du *'aṣl* défini ci-dessus].

7.47. La lettre de l'inaccompli porte la voyelle /a/ dans le verbe dont l'accompli est composé de 3, 5 ou 6 consonnes (*yakûn ḥarf 'l-muḍâra'a maftûḥan fî 'l-ṯulâṯîy wa 'l-ḫumâsîy wa 'l-sudâsîy*): *ḍaraba* > ***ya****ḍribu, 'inṭalaqa* > ***ya****nṭaliqu, 'istaġfara* > ***ya****staġfiru.*

7.48. Le verbe accompli à trois consonnes, quand s'y incorporent les lettres de l'inaccompli (*'inna 'l-mâdiyya 'l-ṯulâṯiyya 'iḏâ daḫalat 'alayh 'aḥruf 'l-muḍâra'a)*:
– sa première radicale porte une voyelle-zéro (*fâ'uh taskun*): *ya****ḍ****ribu.*

– sa deuxième radicale n'a pas de règle (prévisible en ce qui concerne la voyelle qu'elle porte) (*ʿaynuh lâ ḍâbiṭ lahâ)*: *yaʿ**la**mu*, *yanṣ**u**ru*, *yaḍr**i**bu* [NP: ceci n'est exact que pour les deux derniers cas, car un accompli *faʿala* peut donner soit un inaccompli *yafʿ**u**lu* soit un inaccompli *yafʿ**a**lu*, soit un inaccompli *yafʿ**i**lu*, mais dans le premier cas, l'accompli est *ʿalima*, or le schème *faʿila* donne *toujours* à l'inaccompli *yafʿ**a**lu*. On aperçoit bien dans cette présentation que la priorité est donnée aux variations des voyelles brèves, tant dans la désinence qu'à l'intérieur du mot et que, de ce point de vue aussi, aucune différence de nature n'est à faire entre le nom et le verbe, dans la mesure où tous les deux subissent des changements de timbres des voyelles brèves. Seule la particule ne subit aucun changement de timbre dans ses voyelles. La prétendue absence de règles de prévision du timbre de la voyelle de l'inaccompli ne correspond pas à la théorie des anciens grammairiens arabes car ceux-ci ont étudié les alternances vocaliques prédictibles et imprédictibles dans les verbes d'une façon exhaustive, voir *ETGA*, I, p. 51-105].

7.49. Si les lettres de l'inaccompli s'incorporent à l'accompli qui a plus de trois consonnes radicales (*'iḏâ daḫalat 'aḥruf 'l-muḍâraʿa ʿalâ 'l-mâḍî 'l-zâ'id ʿalâ ṯalâṯat 'aḥruf*):
– ce qui précède la désinence porte toujours la voyelle /i/ (*yuksar mâ qabl 'âḫiruh muṭlaqan*): *yudaḥr**i**ǧu*.
– ce qui précède la désinence porte toujours la voyelle /a/ s'il y a un *tâ'* au début de l'accompli (*yuftaḥ mâ qabl 'âḫîruh 'iḏâ kâna fî 'awwal mâḍîh tâ')*:*ya**ta**daḥr**a**ǧu*.

7.50. La désinence du verbe inaccompli est fléchie, c'est-à-dire variable (*'âḫir 'l-fiʿl 'l-muḍâriʿ muʿrab 'ay mutaġayyir*). Elle porte la voyelle /u/, /a/ ou le *sukûn* selon les régissants (*fa yurfaʿ 'aw yunṣab 'aw yuǧzam bi-ḥasab 'l-ʿawâmil)* [NP: on voit donc que le verbe inaccompli, bien qu'en principe *mabnîy* comme tout verbe et toute particule, est en fait *muʿrab*, et ceci en tant que *farʿ*, = accessoirement, par sa ressemblance (*muḍâraʿa)* avec le nom d'agent, (TP, II, p. 136 en haut): «les verbes à l'inaccompli sont semblables au nom d'agent du fait que ces deux catégories sont associées sur le plan sémantique (...), par le fait qu'on peut y préfixer un *lâm* (NP: de corroboration) (...) du fait qu'on peut y adjoindre *sa* et *sawfa* de même que le *alif* et le *lâm* qui peuvent être adjoints (aussi) au nom pour le déterminer», *Kitâb*, I, p. 2, l. 15-18].

8. La forme de l'impératif (*ṣîġat 'l-'amr*)

8.51. L'impératif est une forme par laquelle on demande à la personne à qui l'on parle (de se trouver dans) un état ou de faire une action dans le futur (*'al-'amr ṣîġa yuṭlab bihâ min 'l-šaḫṣ 'l-muḫâṭab ḥâla 'aw ʿamal fiʿl fî 'l-mustaqbal*): *kun, 'uktub!*

8.52. L'impératif est formé à partir de l'inaccompli (*yuṣâġ 'l-'amr min 'l-muḍâriʿ*):
– par suppression de la lettre de l'inaccompli à son début (*bi-ḥaḏf ḥarf 'l-muḍâraʿa min 'awwalih*): *tataqaddamu > taqaddam.*
– ensuite par l'addition d'un *hamza* si l'accompli est trilitère ou qu'il commence par un *hamza*-augment (*ṯumma bi-ziyâdat hamza 'in kâna 'l-mâḍî ṯulâṯiyyan 'aw mabdû'an bi-hamza zâ'ida*): *ḍaraba > yaḍribu > ḍrib > 'iḍrib*; *'aḥsana > yuḥsinu > ḥsin > 'aḥsin.*

8.53. La finale de l'impératif est construite, c'est-à-dire ne varie pas (*'inna 'âḫir 'l-'amr mabnîy 'ay lâ yataġayyar*). Elle sera **construite** (*wa yakûn mabniyyan*):
– sur le **sukûn** si sa finale est dépourvue de lettre de débilité (*ʿalâ 'l-sukûn 'in kâna 'âḫiruh ḫâliyan min ḥarf ʿilla*): *'unṣur.*
– sur la **suppression de la lettre de débilité** à la finale du verbe défectueux (*ʿalâ ḥaḏf ḥarf 'l-ʿilla min 'âḫir 'l-fiʿl 'l-nâqiṣ*):*yarmî* (*yarmi**y***) > *'irm**i***; *yaġzû* (*yaġzu**w***) > *'uġz**u***; *yuʿṭî* (*yuʿṭi**y***) > *'aʿṭ**i**.* [NP: observera ici que l'analyse grammaticale passe, en quelque sorte involontairement, de la conception entièrement synchronique, à une vision diachronique des choses: c'est la suppression d'un élément radical, c'est-à-dire en fait la chute, facteur historique qui n'était pas pris en considération tel quel par les linguistes du Moyen-Age, qui doit servir d'explication aux transformations. En effet, si on ne postule pas une transformation de type **'uġzuw* > *'uġzu*, deux formes qui représentent deux phases distinctes dans une évolution, on ne voit pas ce qui justifierait synchroniquement la chute du *w* final de la forme sous-jacente].
– sur la **suppression du nûn** si celui-ci est lié au *'alif* du duel ou au *wâw* du pluriel (*ʿalâ ḥaḏf 'l-nûn 'iḏâ 'ittaṣala bi-'alif 'iṯnayn 'aw wâw 'l-ǧamâʿa*): *'unṣurâ, 'unṣurû.*

8.54. Le hamza (initial) de l'impératif (*'inna hamzat 'l-'amr*):
– porte la voyelle /u/ dans le verbe dont la 2ème radicale est vocalisée /u/ à l'inaccompli du trilitère (*tuḍamm fî 'l-maḍmûm 'l-ʿayn min 'l-muḍâriʿ 'l-ṯulâṯîy*): *'**u**nẓur* (*yanẓuru*).

– porte la voyelle /a/ dans le verbe à 4 lettres radicales (*tuftaḥ fî 'l-rubâʿîy*): *'**a**krim.*
– porte la voyelle /i/ dans les autres cas (*tuksar fî ġayrihimâ*): *'**i**ʿlam, '**i**ḍrib, '**i**nṭaliq, '**i**staʿlim.*

8.55. Le *hamza* de liaison est celui qui est prononcé au début du discours mais non à l'intérieur de celui-ci (*hamzat 'l-waṣl hiya 'llatî tulfaẓ fî 'btidâ' 'l-kalâm wa lâ tulfaẓ fî 'aṯnâ'ih*),: *'**i**ǧlis yâ raǧul!* mais: *yâ raǧulu 'ǧlis*!

8.56. Le *hamza* de coupure est celui qui est toujours prononcé, qu'il se rencontre au début du discours ou à l'intérieur de celui-ci (*hamzat 'l-qaṭʿ hiya 'llatî tulfaẓ dâ'iman sawâ'an waqaʿat fî 'btidâ' 'l-kalâm 'aw fî 'aṯnâ'ih*): *'**a**qbil yâ raǧulu! yâ raǧulu '**a**qbil!*

8.57. L'impératif de la 3ème personne ou de la 1ère est (construit) d'une manière particulière qu'on appelle «l'impératif avec le *lâm*»: on ajoute au début de l'inaccompli un *lâm* qui met le verbe à l'apocopé (*'inna li-'amr 'l-ġâ'ib 'aw 'l-mutakallim ṭarîqa ḫâṣṣa tusammâ 'l-'amr bi 'l-lâm: yuzâd fî 'awwal 'l-muḍâriʿ lâm ǧâzima)*:
– la voyelle de ce lâm sera un /i/ (*takûn ḥarakatuhâ 'l-kasr*): ***li**-yaḍrib, **li**-'u'addib.*
– sauf avec le *wâw* où (le *lâm)* portera un *sukûn* (*'illâ baʿda 'l-wâw fa taskun*): *fa**l**-taṭib nafsuka, wa**l**-yakun mâ tašâ'u.*

9. L'intransitif et le transitif (*'al-lâzim wa 'l-mutaʿaddî*)

9.58. Chaque verbe a besoin d'un agent qui agit sur lui (*kull fiʿl yaḥtâǧ 'ilâ fâʿil yafʿaluh*)
– soit visible (*'immâ ẓâhir*): *ǧalasa* ***'l-wâqifu,*** *yaḍribû**na*** [NP: rappelons que pour les grammairiens arabes, les **/î/**, **/û/**, **/â/** des cinq verbes, *tafʿal**îna**, tafʿal**ûna**, yafʿal**ûna**, tafʿal**âni**, yafʿal**âni*** sont des **pronoms**, *ḍamâ'ir*, et donc des agents visibles du verbe, cf. TP, II, p. 138 en bas].
– soit invisible (*'immâ mustatir*): *'ilʿab.*

9.59. Le verbe (se divise) en deux parties:
– intransitif (*lâzim*), c'est celui qui se suffit de l'agent et n'a pas besoin du complément d'objet (*wa huwa mâ yaktafî bi-'l-fâʿil fa lâ yaḥtâǧ 'ilâ mafʿûl bih)*: ***ǧâ'a*** *'l-waladu.*
– transitif, c'est celui qui ne se suffit pas de l'agent, mais exige aussi un complément d'objet (*muʿtadin wa huwa mâ lâ yaktafî bi-'l-fâʿil bal yaṭlub 'ayḍan mafʿûlan bih*): **kasara** *'l-ḫâdimu 'ibrîqan.*

9.60. Le verbe trilitère intransitif devient transitif en général s'il est transféré du schème ***faʿala*** aux deux schèmes ***'afʿala*** et ***faʿʿala*** (*yaṣîr 'l-fiʿl 'l-ṯulâṯîy 'l-lâzim mutaʿaddiyan fî 'l-ġâlib 'iḏâ nuqila min wazn faʿala 'ilâ waznay 'afʿala wa faʿʿala*): *dâma* (*lâzim*) > *'adâma* (*mutaʿaddin*); *karuma* (*lâzim*) > *'akrama* (*mutaʿaddin*) ou *karrama* (idem).

9.61. Le verbe transitif a deux subdivisions (*'al-fiʿl 'l-mutaʿaddî qismân*):
– (Le verbe dont l'agent est) connu: c'est celui dont nous connaissons l'agent (*maʿlûm wa huwa 'llaḏî naʿrif fâʿilah*): *barâ 'l-tilmîḏu qalaman.*
– (Le verbe dont l'agent est) inconnu: c'est celui dont l'agent est occulté à l'auditeur (*wa maǧhûl wa huwa 'llaḏî 'ḫtafâ fâʿiluh ʿan 'l-sâmiʿ*) et dont le complément d'objet est utilisé comme représentant de l'agent (ou: tenant lieu d'agent) (*wa ǧuʿila 'l-mafʿûl nâ'iban ʿanh*): *buriya 'l-qalamu.*

9.62. (Le verbe dont l'agent est) inconnu est construit en principe à partir du verbe transitif direct [personnel] (*yubnâ 'l-maǧhûl 'aṣlan min 'l-fiʿl 'l-mutaʿaddî*) et le complément d'objet tient lieu d'agent au moment du retranchement de ce dernier (*wa yanûb 'l-mafʿûl bih ʿan 'l-fâʿil ʿinda ḥaḏfih*): *ḍaraba Zaydun Salîman* > *ḍuriba Salîmun.*

9.63. Le (verbe dont l'agent) est inconnu est construit à partir du verbe intransitif [NP: c'est-à-dire impersonnel] (*yubnâ 'l-maǧhûl min 'l-lâzim*):
– s'il est transitif indirect (*'in kâna mutaʿaddiyan bi-'l-ḥarf*): *qabaḍa 'l-ḥârisu ʿalâ 'l-liṣṣi* > *qubiḍa ʿalâ 'l-liṣṣi.*
– s'il est suivi d'un circonstanciel (*'in kâna baʿdah ẓarf*): *ṣâma 'l-ʿâbidu 'âḏâra* > *ṣîma 'âḏâru 'aw fî 'âḏâra.*
– s'il est suivi d'un *maṣdar* (*'in kâna baʿdah maṣdar*): *'iḥtafala 'l-ǧamʿu 'ḥtifâlan ʿaẓîman* > *'uḥtufila 'ḥtifâlun ʿaẓîmun.*

9.64. L'accompli dont l'agent est inconnu est construit à partir de l'accompli dont l'agent est connu avec la voyelle/i/ avant la désinence et la voyelle /u/ sur chaque consonne vocalisée qui précède: *'akala* > *'uk**i**la*, *'istaqbala* > *'**u**st**u**qbila* (*yubnâ 'l-mâḍî 'l-maǧhûl min 'l-mâḍî 'l-maʿlûm bi-ḍamm 'awwalih wa fatḥ mâ qabla 'âḫirih).*

9.65. L'inaccompli dont l'agent est inconnu est construit à partir de l'inaccompli dont l'agent est connu, en mettant sur son initiale (la voyelle) /u/ et (la voyelle) /a/ sur tout ce qui précède la désinence (*yubnâ 'l-muḍâriʿ 'l-mağhûl min 'l-muḍâriʿ 'l-maʿlûm bi ḍamm ʾawwalih wa fatḥ mâ qabla ʾâḫirih)*: *yaʿlamu* > *yuʿlamu*, *yukrimu* > *yukramu*.

10. Subdivision(s) du nom (*ʾaqsâm 'l-'ism*).

10.66. Le nom est tout mot qui renvoie à un sens complet non soumis au temps (*'al-'ism huwa kull kalima tadull ʿalâ maʿnan tâmm ġayr muqayyad bi-zaman*): *waraqa*, *Yûsufu*, *ʾikrâmun*.

10.67. Le nom est **variable morphologiquement** et **invariable morphologiquement**, **figé** et **dérivé** (*'al-'ism mutaṣarrif wa ġayr mutaṣarrif, ğâmid wa muštaqq)* [NP: *mutaṣarrif* signifie précisément: «qui est soumis au processus du *taṣrîf*», notion propre à la grammaire arabe et qui déborde la notion de variabilité des langues européennes, généralement limitée aux processus morphologiques seulement. Or, G. Bohas a montré clairement que la notion arabe de *taṣrîf* a subi un processus d'extension du champ sémantique. En effet, «dans la grammaire arabe telle que la conçoivent les grammairiens arabes tardifs, le *taṣrîf* a une acception large qui englobe la morphologie (première partie du *taṣrîf*) et la phonologie (deuxième partie du *taṣrîf*). Ils connaissent également du *taṣrîf* une conception restreinte qu'ils disent tenir des grammairiens antérieurs et qui se limite à la phonologie» (*ETGA*, I, p. 21). Ceci a conduit G. Bohas à établir une distinction entre *taṣrîf* I (morphologie) et *taṣrîf* II (phonologie). Les grammairiens arabes tardifs illustrent cette distinction en précisant que le «*taṣrîf* I» entraîne un changement de «sens» du mot (duel et pluriel par rapport au singulier p.ex.), tandis que le *taṣrîf* II n'entraîne pas ce changement (**qawala* > *qâla* p. ex.). On voit clairement dans le paragraphe qui suit ci-dessous que la notion de variabilité est entendue ici pour le nom au sens du *taṣrîf* I].

10.68. Le nom variable morphologiquement est celui qui: est mis au duel, au pluriel, au diminutif et sous sa forme adjectivale de relation (*ʾal-'ism 'l-mutaṣarrif huwa 'llaḏî yuṯannâ, wa yuğmaʿ wa yuṣġar wa yunsab ʾilayh)*.

10.69. Le nom **variable morphologiquement** (est) de deux espèces (*'al-'ism 'l-mutaṣarrif nawʿân*), **qualifiable** et **qualificatif** (*mawṣûf wa ṣifa*).

10.70. Le nom **invariable morphologiquement** est celui qui a obligatoirement une seule forme (*'al-'ism 'l-ġayr 'l-mutaṣarrif huwa 'llaḏî yulâzim ṣûra wâḥida*) et (donc) ne se met pas au duel, ni au pluriel, ni au diminutif ni ne prend de forme adjectivale de relation (*fa lâ yuṯnâ wa lâ yuǧmaʿ wa lâ yuṣaġġar wa lâ yunsab 'ilayh*).

10.71. Les **noms invariables morphologiquement** sont six (*'al-'asmâ' 'l-ġayr 'l-mutaṣarrifa sitta*): le pronom (*'al-ḍamîr*) le nom d'indication (*'ism 'l-'išâra*) le nom adjoint (*'ism 'l-mawṣûl*), le nom d'interrogation (= *'ism 'l-'istifhâm*), le nom de condition (*'ism 'l-šarṭ*), (le nom de) circonstance (*'al-ẓarf*): *huwa, hâḏâ, 'allaḏî, man, mahmâ, ḥayṯu.*

10.72. Le nom **figé** est celui qui n'est pas tiré de la forme phonétique du verbe (*al-'ism 'l-ǧâmid huwa mâ kâna ġayr ma'ḫûḏ min lafẓ 'l-fiʿl*): *raǧulun, Yûsufu.*

10.73. Le nom **dérivé** est celui qui est tiré d'une forme phonétique du verbe (*'al-'ism 'l-muštaqq huwa mâ 'uḫiḏa min lafẓ 'l-fiʿl*): *'ikrâmun* (*'akrama*), *maṭbaḫun* (*ṭabaḫa*), *mibradun* (*barada*) [NP: on observera que le *maṣdar* est un nom: *'ism maṣdar* et que l'auteur adopte la position koufienne].

10. Le qualifiable (*'al-mawṣûf*)

10.74. Le nom qualifiable est un mot qui est apte à être qualifié ou décrit par un autre (c'est-à-dire le qualificatif ou l'épithète) (*'al-'ism 'l-mawṣûf huwa lafẓ yaṣluḥ li-'an yûṣaf 'aw yunʿat bi-ġayrih*): *raǧulun* (*ʿaẓîmun*), *madînatun* (*ǧamîlatun*), *'ikrâmun* (*wâfirun*).

10.75. Le nom qualifiable est de deux espèces: figé et dérivé (*'al-mawṣûf nawʿân, ǧâmid wa muštaqq*).[NP: notons que le nom dérivé est celui qui est dérivé d'un nom commun quelconque ou d'un *maṣdar*].

10.76. Le nom qualifiable figé est de deux espèces (*'al-'ism 'l-mawṣûf 'l-ǧâmid nawʿân*): nom propre (*'ism 'l-ʿalam*) (*Dimašqu*), nom commun figé (*'ism 'l-ǧins'l-ǧâmid*) (*ṯaʿlabun*).

10.77. Le nom qualifiable dérivé est de deux espèces (*'al-'ism 'l-mawṣûf 'l-muštaqq nawʿân*): l'infinitif (*maṣdar*): *binâ'* (< *banâ*), et le nom commun (*'ism 'l-ǧins*): *malʿabun* (< *laʿiba*).

10.78. Le nom commun dérivé est de deux espèces (*'ism 'l-ğins 'l-muštaqq naw'ân)*: le nom de lieu et de temps (*'ism 'l-makân wa 'l-zamân)*: *mağlisun*; le nom d'instrument (*'ism 'l-'âla)*: *miftâḥun.*

10.79. Le nom de qualification est un mot qui est ajouté au nom qualifiable pour expliciter son état (*'ism 'l-ṣifa lafẓ yuḍâf 'ilâ 'l-mawṣûf li-bayân ḥâlatih*): *šağaratun* ***nâmiyatun.***

10.80. Le nom de qualification est de deux sortes: figé et dérivé (d'un autre nom ou d'un verbe) (*'ism 'l-ṣifa naw'ân, ğâmid wa muštaqq*).

10.81. Le nom figé parmi les (noms) de qualification est le nom de relation: (*'al-ğâmid min 'l-ṣifât huwa 'l-'ism 'l-mansûb*) *'arabiyyun.*

10.82. Les noms de qualification dérivés sont cinq: le nom d'agent (NP: dit participe actif), le nom de patient (NP: dit participe passif dans les grammaires orientalistes), le nom d'intensité, le nom de qualification assimilé (NP: au nom d'agent), (NP: le schème) *'af'al* de préférence (*'al-ṣifât 'l-muštaqqa ḫams*: *'ism-'l-fâ'il, 'ism-'l-maf'ûl, 'ism-'l-mubâlaġa, 'al-ṣifa 'l-mušabbaha, 'af'al 'l-tafḍîl*).

11.83. Le nom propre est tout mot qui désigne par la particularisation une personne ou un animal ou une chose (*'ism 'l-'alam huwa kull kalima tadull bi-'l-ta'yîn 'alâ šaḫṣ 'aw ḥayawân 'aw šay')*: *'Ibrâhîmu, Bârûdu, Dimašqu.*

11.84. Le nom commun est celui qui désigne sans particularisation toutes les personnes ou les animaux ou les choses qui se rattachent à une seule espèce (*'ism 'l-ğins huwa mâ dalla min ġayr ta'yîn 'alâ kull 'l-'ašḫâṣ 'aw 'l-ḥayawânât 'aw 'l-'ašyâ' 'l-dâḫila taḥt ğins wâḥid)*: *rağulun, kalbun, madînatun.*

11.85. Le nom commun est de deux sortes: figé et dérivé (*'ism 'l-ğins naw'ân, ğâmid wa muštaqq).*

11.86 Les noms communs dérivés sont: le nom de lieu, le nom de temps et le nom d'instrument (*'asmâ' 'l-ğins 'l-muštaqqa hiya 'ism 'l-makân, 'ism 'l-zamân, 'ism 'l-'âla*).

11.87. Le nom de lieu est une forme qui désigne l'endroit d'occurrence du verbe: *maṭbaḫun* (*'ism 'l-makân ṣîġa tadull 'alâ mawḍi' wuqû' 'l-fi'l*).

11.88. Le nom de temps est une forme qui désigne le temps de l'occurrence du verbe (*'ism 'l-zamân ṣîġa tadull ʿalâ waqt wuqûʿ 'l-fiʿl*): *maġrib*.

11.89. Le nom de temps et de lieu est construit à partir du verbe trilitère selon le schème (*yubnâ 'ism 'l-makân wa 'l-zamân min 'l-fiʿl 'l-ṯulâṯîy ʿalâ wazn*):
– *mafʿal*: dans (le cas) du verbe qui a une deuxième radicale /u/ à l'inaccompli (*fî 'l-maḍmûm 'l-ʿayn fî 'l-muḍâriʿ*): *yaṭbuḫu* > *maṭbaḫun*; dans (le cas) du verbe qui a une deuxième radicale en /a/ à l'inaccompli (*fî 'l-maftûḥ 'l-ʿayn fî 'l-muḍâriʿ*): *yaḏbaḥu* > *maḏbaḥun*; dans (le cas) du verbe défectueux (*fî 'l-fiʿl 'l-nâqiṣ*): *yarmî* > *marman*.
– *mafʿil*: dans (le cas) du verbe qui a une deuxième radicale à voyelle /i/ (*fî 'l-maksûr 'l-ʿayn fî 'l-muḍâriʿ*): *yaḍribu* > *maḍribun*.

11.90. Le nom de temps et de lieu est construit à partir du verbe qui a plus de 3 radicales selon le schème de l'inaccompli passif par substitution d'un *mîm* vocalisé /u/ à la lettre de l'inaccompli (à savoir le préfixe) (*yubnâ 'ism 'l-makân wa 'l-zamân mimmâ fawqa 'l-ṯulâṯîy ʿalâ wazn 'l-muḍâriʿ 'l-mağhûl bi-'ibdâl ḥarf 'l-muḍâraʿa mîman maḍmûmatan*): *yustašfâ* > *'al-mustašfâ*, *yuzalzalu* > *muzalzalun*.

11.91. Le nom d'instrument est la forme qui désigne l'instrument du travail (*'ism 'l-'âla huwa ṣîġa tadull ʿalâ 'adât 'l-ʿamal*): *mibradun*.

11.92. Le nom d'instrument est construit à partir du verbe trilitère transitif et il a trois schèmes (*'ism 'l-'âla yubnâ min 'l-ṯulâṯîy 'l-mutaʿaddî wa lah ṯalâṯat 'awzân*): *mifʿal* (*mibradun*), *mifʿala* (*miknasatun*), *mifʿâl* (*miftâḥun*).

12.93. Le *maṣdar* est ce qui désigne un état ou un événement sans temporalité (*'al-maṣdar huwa mâ yadull ʿalâ ḥâla 'aw ḥadaṯ dûna zamân*): *'aḫḏun* (< *'aḫaḏa*), *taslîmun* (< *sallama*).

12.94. Le *maṣdar* (formé) à partir du verbe trilitère nu se présente sous des formes nombreuses qu'on connaît par les dictionnaires (*'inna 'l-maṣdar mina 'l-fiʿl 'l-ṯulâṯîy 'l-muğarrad ya'tî ʿalâ 'awzân kaṯîra tuʿraf min kutub 'l-luġa*): *naṣrun* (< *naṣara*), *ğulûsun* (< *ğalasa*), *zirâʿatun* (< *zaraʿa*).

12.95. Le *maṣdar* du verbe trilitère dérivé est régulier de la manière suivante (*'inna 'l-maṣdar min 'l-fiʿl 'l-ṯulâṯîy 'l-mazîd qiyâsîy ʿalâ 'l-wağh 'l-'âtîy*):

– *'afʿala 'ifʿâlan ('akrama 'ikrâman), faʿʿala tafʿîlan wa tafʿilatan (qaddama taqdîman wa taqdimatan), fâʿala fiʿâlan wa mufâʿalatan (nâzaʿa nizâʿan wa munâzaʿatan), 'infaʿala 'infiʿâlan ('inkasara 'inkisâran), 'iftaʿala 'iftiʿâlan ('iğtamaʿa 'iğtimâʿan), tafaʿʿala tafaʿʿulan (ta'aḫḫara ta'aḫḫuran), tafâʿala tafâʿulan (tabâʿada tabâʿudan), 'ifʿalla 'ifʿilâlan ('iḥmarra 'iḥmirâran), 'istafʿala 'istifʿâlan ('istarḥama 'istirḥâman), 'ifʿawʿala 'ifʿîʿâlan ('iḥdawdaba 'iḥdîdâban).*

12.96. Le *maṣdar* du verbe quadrilitère nu est régulier (*'inna 'l-maṣdar min 'l-fiʿl 'l-rubâʿîy 'l-muğarrad qiyâsîy*): *faʿlala faʿlalatan wa fiʿlâlan*: *daḥrağa daḥrağatan wa diḥrâğan, zalzala zalzalatan wa zilzâlan.*

12.97. Le *maṣdar* du verbe quadrilitère dérivé est régulier de la manière suivante (*'inna 'l-maṣdar min 'l-fiʿl 'l-rubâʿîy 'l-mazîd qiyâsîy ʿalâ 'l-wağh 'l-'âtî*): *tafaʿlala tafaʿlulan* (*tadaḥrağa tadaḥruğan*), *'ifʿanlala 'ifʿinlâlan ('iḥranğama 'iḥrinğâman), 'ifʿalalla 'ifʿilâlan ('iṭma'anna 'iṭmi'nânan).*

12.98. Les verbes nus et dérivés, dans (leur forme) trilitère et quadrilitère, ont un autre *maṣdar* qu'on appelle *maṣdar mîmîy* parce qu'il y a un mîm à son initiale (*li 'l-'afʿâl 'l-muğarrada wa 'l-mazîda, fî 'l-ṯulâṯîy wa 'l-rubâʿîy, maṣdar 'âḫar yusammâ 'l-maṣdar 'l-mîmîy li-'anna fî 'awwalih mîm).*

12.99. Le *maṣdar mîmîy* est construit à partir du trilitère selon le schème (*yubnâ 'l-maṣdar 'l-mîmîy min 'l-fiʿl 'l-ṯulâṯîy ʿalâ wazn*):
– *mafʿil* dans le verbe assimilé à première radicale *wâw* (*fî 'l-miṯâl 'l-wâwîy*): *waʿada > mawʿidun, warada > mawridun.*
– *mafʿal* dans les autres (*fî ġayrih*): *'akala > ma'kalun, šariba > mašrabun.*

12.100. Le *maṣdar mîmîy* est construit à partir du verbe non trilitère sur le schème de l'inaccompli passif avec substitution d'un mîm à voyelle /u/ à la lettre (=préfixe) de l'inaccompli (*yubnâ 'l-maṣdar 'l-mîmîy min 'l-fiʿl 'l-ġayr 'l-ṯulâṯîy ʿalâ wazn 'l-muḍâriʿ 'l-mağhûl bi-'ibdâl ḥarf 'l-muḍâraʿa mîman maḍmûmatan*): *'inḥadara > yanḥadiru > yunḥadaru > munḥadarun.*

13. La qualification: le nom d'agent et le nom de patient (*'al-ṣifa*: *'ism 'l-fâʿil wa 'ism 'l-mafʿûl*).

13.101. Le nom d'agent est une forme qui indique celui qui fait l'action (*'ism 'l-fâ'il ṣîġa yadull 'alâ man yaf'al 'l-fi'l*): *ḍâribun* (*'allaḏî ḍaraba*), *mustaġfirun* (*'allaḏî 'staġfara*).

13.102. Le nom d'agent est bâti à partir du trilitère sur le schème *fâ'il* (*yubnâ 'ism 'l-fâ'il min 'l-ṯulâṯîy 'alâ wazn fâ'il*): *ḍâribun*, *dârisun*.

13.103. Le nom d'agent est construit à partir du non-trilitère selon le schème de l'inaccompli actif par substitution d'un *mîm* à voyelle /u/ à la lettre (préfixe) de l'inaccompli et en donnant la voyelle /i/ à ce qui précède la dernière (lettre) (*yubnâ 'ism 'l-fâ'il min ġayr 'l-ṯulâṯîy 'alâ wazn 'l-muḍâri' 'l-ma'lûm bi-'ibdâl ḥarf 'l-muḍâra'a mîman maḍmûmatan wa kasr mâ qabla 'l-'âḫir*): *'akrama* > *yukrimu* > *mukrimun*; *taqâtala* > *yataqâtalu* > *mutaqâtilun*.

13.104. Le nom de patient est une forme qui indique ce sur quoi (ou sur qui) retombe le procès (*'ism 'l-maf'ûl huwa ṣîġa tadull 'alâ mâ yaqa' 'alayh 'l-fi'l*): *maḍrûbun* (*'allaḏî ḍuriba* «celui qui est frappé» = celui sur qui porte le procès «frapper»).

13.105. Le nom de patient est construit à partir du trilitère selon le schème *maf'ûl* (*yubnâ 'ism 'l-maf'ûl min 'l-ṯulâṯîy 'alâ wazn maf'ûl*): *kataba* > *maktûbun*.

13.106. Le nom de patient du non-trilitère est construit sur le schème de l'inaccompli passif avec substitution d'un *mîm* à voyelle /u/ à la lettre (préfixe) de l'inaccompli (*yubnâ 'ism 'l-maf'ûl min ġayr 'l-ṯulâṯîy 'alâ wazn 'l-muḍâri' 'l-maǧhûl bi-'ibdâl ḥarf 'l-muḍâra'a mîman maḍmûmatan*): *qaddama* > *yuqaddimu* > *yuqaddamu* > *muqaddamun*.

13.107. Le nom de patient est construit à partir des verbes transitifs soit eux seuls [NP: = transitifs directs], soit avec la particule [NP = transitifs indirects] (*yubnâ 'ism 'l-maf'ûl min 'l-'af'âl 'l-muta'addiya 'immâ bi-nafsihâ wa 'immâ bi-'l-ḥarf*): *'istaḫraǧa 'l-ḏahaba* > *ḏahabun mustaḫraǧun*; *tabâ'ada 'an 'l-madînati* > *madînatun mutabâ'adun 'anhâ*; *ǧalasa 'alâ 'l-maq'adi* > *maq'adun maǧlûsun 'alayhi*; *'ašâra 'ilâ 'l-fatâ* > *fatan mušârun 'ilayhi*; *ġaḍaba 'alâ 'l-muǧrimi* > *muǧrimun maġḍûbun 'alayhi*.

13.108. Les (noms communs) dérivés de plus de 3 radicales qui ont une seule forme phonétique sont trois (*'al-muštaqqât mimmâ fawqa 'l-*

ṯulâṯîy 'llatî takûn bi-lafẓ wâḥid ṯalâṯa): le nom de patient, le *maṣdar mîmîy*, le nom de temps et le nom de lieu (*'ism 'l-maf'ûl, al-maṣdar 'l-mîmîy, 'ism 'l-makân, 'ism 'l-zamân)*: nous établissons une distinction entre eux d'après le sens (*numayyiz baynahâ ḥasaba 'l-ma'nâ)* [NP: ceci vaut pour les verbes de 4, 5 ou 6 lettres]: *mâ lî muṣṭabarun* («n'est pas à moi le fait d'être patient», *maṣdar mîmîy* = «je ne suis pas patient»), *nazaltu fî munhabaṭi 'l-wâdî* («je suis descendu dans le bas de l'oued», nom de lieu), *munḥasaru 'l-ša'ri 'an 'l-ǧabhati* («le cheveu rejeté hors du front», nom de patient).

14. Le qualificatif ressemblant au nom d'agent (*'al-ṣifa 'l-mušabbaha bi-'sm 'l-fâ'il*).[NP: On a préféré traduire mot à mot, mais ce qualificatif est appelé «adjectif déverbal» dans *ETGA*, I, p. 156, ce qui «permet de rendre compte à la fois de son statut différent de celui des autres adjectifs et de sa 'relation' (lointaine, certes) avec les verbes». Comme le précise par ailleurs G. Bohas, «on n'entend pas pour autant qu'ils ont une structure identique à celle des verbes en ce qui concerne la disposition des consonnes et des voyelles; au contraire, leur lien avec les verbes est beaucoup plus lâche. Il consiste en ceci: ces adjectifs ressemblent au participe actif (...) en ce qu'ils peuvent être mis au duel, au pluriel, au féminin; c'est tout. Comme le participe actif, avec lesquels on peut leur trouver cette ressemblance est lui-même dérivé du verbe (...) on peut donc dire qu'ils ont un certain lien avec le verbe», *ETGA*, I, p. 155].

14.109. Le qualificatif ressemblant au nom d'agent est une forme dérivée du verbe intransitif avec le sens d'un nom d'agent, sauf qu'elle ne renvoie pas à l'occurrence de son verbe agissant mais à un état stable inclus en lui (*'al-ṣifa 'l-mušabbaha bi-'sm-'l-fâ'il hiya ṣîġa muštaqqa min 'l-fi'l 'l-lâzim bi-ma'nâ 'sm 'l-fâ'il, ġayra 'annahâ lâ tadull 'alâ ḥadaṯ fi'lih 'l-fâ'il, bal 'alâ ḥâla ṯâbita fîh*): *waladun ḥasanun, raǧulun karîmun* adjectif ressemblant (au nom d'agent) qui renvoie à un état stable dans l'homme ou l'enfant (*ṣifa mušabbaha tadull 'alâ ḥâla ṯâbita fî 'l-raǧul wa 'l-walad*), *waladun ḥâsinun, raǧulun kârimun*: nom d'agent qui renvoie à une action qu'accomplissent l'homme et l'enfant (*'ism 'l-fâ'il yadull 'alâ ḥadaṯ yaf'aluh 'l-raǧul wa 'l-walad).*

14.110. Le qualificatif ressemblant est construit à partir du verbe trilitère selon l'usage sous des formes variées (*tubnâ 'l-ṣifa 'l-mušabbaha min 'l-fi'l 'l-ṯulâṯîy samâ'an 'alâ 'awzân šattâ*): *ṭâhirun, 'aṭšânu, ẓarîfun* [NP: Il y a cependant des règles, ainsi que nous l'enseignent les grammairiens arabes tardifs. Ainsi, «pour un verbe en *faʿula* comme *karuma*, l'adjectif déverbal est le plus souvent en *faʿiyl* (*faʿîl*), comme *karîm* (généreux), mais il peut aussi avoir les formes suivantes: *faʿil* comme *ḫašin*, *faʿal* comme *ḥasan*, *faʿl* comme *ṣaʿb*, *fuʿl* comme *ṣulb*, *faʿa"l* (*faʿâl*) comme *ǧabân*, *fuʿa"l* (*fuʿâl*) comme *šuǧâʿ*, *faʿuwl* (*faʿûl*) comme *waqûr*, *fuʿul* comme *ǧunub*, *ETGA*, I, p. 156].

14.111. Le qualificatif ressemblant est construit à partir du trilitère désignant une couleur ou un défaut (physique) ou une particularité extérieure selon le schème *ʾafʿal* (*yubnâ 'l-ṯulâṯîy 'l-dâll ʿalâ lawn ʾaw ʿayb ʾaw ḥilya ʿalâ wazn ʾafʿal*)**:** *ʾasmaru 'l-waǧhi*, *ʾaʿmâ 'l-qalbi*, *ʾahyafu 'l-qaddi*.

14.112. Le qualificatif ressemblant est construit à partir du non-trilitère selon le schème du nom d'agent (*tubnâ 'l-ṣifa 'l-mušabbaha min ġayr 'l-ṯulâṯîy ʿalâ ṣîġa 'ism 'l-fâʿil*): *'iʿtadala*, *yaʿtadilu* > *muʿtadilun* [NP: cette affirmation est surprenante, car, pour les grammairiens anciens, le qualificatif ressemblant ne peut être construit qu'à partir du verbe intransitif].

15. Le qualificatif: les formes d'intensité (*ʾawzân 'l-mubâlaġa*).

15.113. Les formes d'intensité sont des schèmes dans lesquels se transforment le(s) nom(s) d'agent pour exprimer l'abondance (d'une qualité) (*ʾawzân 'l-mubâlaġa hiya ṣiyaġ yuḥawwal ʾilayhâ 'sm 'l-fâʿil li-qaṣd 'l-takṯîr*): *raḥima* > *râḥimun* > *raḥîmun*; *kaḏaba* > *kâḏibun* > *kaḏûbun*.

15.114. Les formes d'intensité ne sont construites qu'à partir du trilitère, elles suivent l'usage et les plus courants de ses schèmes sont (*lâ tubnâ ʾawzân 'l-mubâlaġa ʾillâ min 'l-ṯulâṯîy wa hiya samâʿiyya wa ʾašhar ʾawzânihâ*):
– *faʿʿâl* (*ḫabbâzun*); *fiʿʿîl* (*ṣiddîqun*); *faʿʿâla* (*ʿallâmatun*); *faʿil* (*ḥaḏirun*); *mifʿâl* (*mifḍâlun*); *faʿîl* (*raḥîmun*); *mifʿîl* (*miskînun*); *faʿûl* (*kaḏûbun*).

15.115. Les deux schèmes ***faʿûl*** et ***faʿîl*** se présentent soit avec le sens d'un nom d'agent soit avec le sens d'un nom de patient (*yaʾtî waznâ faʿûl wa faʿîl ʾimmâ bi-maʿnâ 'sm 'l-fâʿil wa ʾimmâ bi-maʿnâ 'sm-'l-mafʿûl*): *rasûlun* (*mursalun*), *ǧarîḥun* (*maǧrûḥun*).

15.116. Le régime du schème *faʿûl* varie en fonction du (nom) qualifié selon (la variation) de son sens (*yaḫtalif ḥukm wazn faʿûl maʿa 'l-
mawṣûf bi-'ḫtilâf maʿnâh*):
 – Si *faʿûl* a le sens du nom de **patient**, il suit le qualifié, que celui-ci
soit apparent ou caché, en genre (lit.: en masculinité et en féminité) (*'iḏâ
ğâʾa faʿûl bi-maʿnâ 'sm 'l-mafʿûl yatbaʿ 'l-mawṣûf, ẓâhiran kana 'aw
mustatiran, fî 'l-taḏkîr wa 'l-taʾnît*): *hâḏâ rasûlun, haḏihi rasûlatun,
ğâʾa rasûlun wa rasûlatun.*
 – Si *faʿûl* a le sens du nom d'**agent**, il reste masculin (avec [le qualifié]
masculin et féminin) si le qualifié est apparent (*'iḏâ ğâʾa faʿûl bi-maʿnâ
'sm 'l-fâʿil yabqâ muḏakkaran [maʿa 'l-muḏakkar wa 'l-muʾannat] 'iḏâ
kâna 'l-mawṣûf ẓâhiran*): *ğâʾa 'l-ʾabu 'l-ḥanûnu wa 'l-ʾummu 'l-ḥanûnu.*
 – Mais *faʿûl* suit le qualifié en genre, si le qualifié est caché (*lakinnah
yatbaʿ 'l-mawṣûf fî 'l-taḏkîr wa 'l-taʾnît 'iḏâ ğâʾa 'l-mawṣûf mustatiran*):
ğâʾa ('l ʾabu) 'l-ḥanûnu wa ('l ʾummu) 'l-ḥanûnatu.

15.117. Le régime du schème *faʿîl* varie en fonction du qualifié selon
(la variation) de son sens (*yaḫtalif ḥukm wazn faʿîl maʿa 'l-mawṣûf bi-
'ḫtilâf maʿnâh*):
 – Si *faʿîl* a le sens du nom d'**agent**, il suit le qualifié, que celui-ci soit
apparent ou caché, en genre (*'iḏâ ğâʾa faʿîl bi-maʿnâ 'sm 'l-fâʿil yatbaʿ
'l-mawṣûf, ẓâhiran kâna 'aw mustatiran, fî 'l-taḏkîr wa 'l-taʾnît): hâḏâ
šafîqun, haḏihi šafîqatun.*
 – Si *faʿîl* a le sens du nom de **patient**, il reste masculin (avec [le quali-
fié] masculin et féminin) si le qualifié est apparent (*'iḏâ ğaʿa faʿîl bi-
maʿnâ 'sm-'l-mafʿûl yabqâ muḏakkaran [maʿa 'l-muḏakkar wa 'l-
muʾannat] 'iḏâ kâna 'l-mawṣûf ẓâhiran): ğâʾa rağulun ğarîḥun wa
'mraʾatun ğarîḥun.*
 – Mais il suit le qualifié en genre si le qualifié est caché (*lakinnah
yatbaʿ 'l-mawṣûf fî 'l-taḏkîr wa 'l-taʾnît 'iḏâ kâna 'l-mawṣûf mustatiran): ğâʾa ğarîḥun wa ğarîḥatun*

16. Le qualificatif: le nom de préférence (*'al-ṣifa: 'ism 'l-tafḏîl*)

16.118. Le nom de préférence est une forme dans laquelle se transforme le qualificatif de ressemblance pour décrire une chose à un degré
supérieur à une autre (*'ism 'l-tafḏîl ṣîġa tuḥawwal 'ilayhâ 'l-ṣifa 'l-
mušabbaha li-waṣf šayʾ bi-ziyâda ʿalâ ġayrih*): *Yûsufu kabîrun > Yûsufu
'akbaru min 'Ibrâhîma.*

16.119. Le nom de préférence est construit seulement à partir du (verbe) trilitère actif et se présente sous le schème *'afʿal* (*yubnâ 'ism 'l-tafḍîl faqaṭ min 'l-ṯulâṯîy 'l-maʿlûm wa ya'tî dâ'iman ʿalâ wazn 'afʿal*): *faʿala* > *'afʿala*; *karuma* > *'akrama*: *ḍuriba* (*maǧhûl*): on ne construit pas de nom de préférence à partir de lui (*lâ yubnâ minh 'ism 'l-tafḍîl*).

16.120. Les verbes à partir desquels on ne construit pas de nom de préférence sont le verbe trilitère actif qui désigne une couleur ou un défaut ou une particularité physique et tous les verbes qui ont plus de lettres que le trilitère (*'al-'afʿâl 'llatî lâ yubnâ minhâ 'ism 'l-tafḍîl hiya 'l-fiʿl 'l-ṯulâṯîy 'l-maʿlûm 'l-dâll ʿalâ lawn 'aw ʿayb 'aw ḥilya wa kull 'l-'afʿâl mimmâ fawqa 'l-ṯulâṯîy*).

16.121. On ne construit pas le nom de préférence à partir du (verbe) trilitère actif désignant une couleur ou un défaut ou une particularité physiques parce que le schème *'afʿal* dans ces verbes est (déjà) le schème du qualificatif de ressemblance (*lâ yubnâ 'ism 'l-tafḍîl mina 'l-ṯulâṯîy 'l-maʿlûm 'l-dâll ʿalâ lawn 'aw ʿayb 'aw ʿalâ ḥilya li-'anna wazn 'afʿal fî hadihi 'l-'afʿâl huwa wazn 'l-ṣifa 'l-mušabbaha*): *sawida* > *'aswada*; *ʿawira* > *'aʿwara*.

16.122. Si nous voulons obtenir une forme de préférence à partir des verbes sur lesquels on ne construit pas de nom de préférence (en *'afʿal*), nous employons le mot *'ašadd*, ou *'akṯar* ou *'awfar*, ou *'akbar* et nous lui ajoutons le *maṣdar* du verbe à l'accusatif (comme spécificatif) (*'iḏâ ṭalabnâ ṣîġa 'l-tafḍîl mina 'l-'afʿâl 'llatî lâ yubnâ minhâ 'afʿal 'l-tafḍîl, nastaʿmil kalima 'ašadd, 'aw 'akṯar 'aw 'awfar 'aw 'akbar wa nuḍîf 'ilayhâ maṣdar 'l-fiʿl manṣûban* [*ʿalâ 'l-tamyîz*]): *sawida* > *'ašaddu sawâdan*; *ʿawira* > *'akṯaru ʿawaran*; *taḫâṣama* > *'awfaru taḫâṣuman*: *'âmana* > *'akbaru 'îmânan*.

Les règles communes entre le qualifié et le qualificatif sont: l'indétermination et la détermination, l'affectation par le genre (lit. la mise au masculin et au féminin), l'affectation par le nombre (lit. la mise au singulier, au duel et au pluriel), la relation adjectivale et le diminutif (lit. la mise au diminutif).

'al-'aḥkâm 'l-muštaraka bayna 'l-mawṣûf wa 'l-ṣifa hiya 'l-tankîr wa 'l-taʿrîf, 'l-taḏkîr wa 'l-ta'nîṯ, 'l-'ifrâd wa 'l-taṯniya wa 'l-ǧamʿ, 'l-nisba wa 'l-taṣġîr.

17. L'indétermination et la détermination (*'al-tankîr wa 'l-taʿrîf*).

17.123. Le nom indéterminé est un nom commun aux membres de son espèce (pour lequel) aucun n'est particularisé en excluant un autre (*'al-'ism 'l-nakira huwa 'ism šâʾiʿ bayn ʾafrâd ğinsih lâ yaḫtaṣṣ bih ʾaḥad dûna ʾâḫar*): *qalamun, bustânun.*

17.124. Le nom déterminé est un nom qui désigne un (individu ou une chose) spécifié(e) parmi les membres de son espèce (*'al-'ism 'l-maʿrifa huwa 'ism yadull ʿalâ muʿayyan bayna ʾafrâd ğinsih*): *'al-qalamu, 'al-bustânu, Yûsufu.*

17.125. Il y a six espèces de (noms) déterminés (*ʾanwâʿ 'l-maʿrifa sitta wa hiya*):
– le nom propre (*'ism 'l-ʿalam*): *Sulaymânu, ʾIbrâhîmu.*
– le pronom (*'al-ḍamîr*): *ʾanâ, ʾanta.*
– le nom démonstratif (*'ism 'l-ʾišâra*): *haḏâ, ḏâka.*
– le nom relié (*'ism 'l-mawṣûl*): *'allaḏî, 'allatî.*
– le nom déterminé par l'article (*'al-muʿarraf bi-'al*): *'al-rağulu.*
– le nom annexé à un déterminé (*'al-muḍâf ʾilâ maʿrifa*): *kitâbu-'l-rağuli.*

17.126. Le (nom) indéterminé devient déterminé (*ʾinna 'l-nakira taṣîr maʿrifa*):
– quand l'article s'y incorpore et qu'en conséquence le *tanwîn* est retranché (*ʾiḏâ daḫalat ʿalayhâ /'al/ wa yuḥḏaf ʾiḏ ḏâka 'l-tanwîn*): *kitâbun > 'al-kitâbu.*
– quand il est annexé à un nom déterminé (*ʾiḏâ ʾuḍîfat ʾilâ maʿrifa*): *sarğu 'l-farasi*; *kitâb-î*; *qalamu hâḏâ 'l-tilmîḏi.*

18. La masculinisation et la féminisation (*'al-taḏkîr wa 'l-taʾnîṯ*).

18.127. Le nom masculin est le nom qui renvoie au sexe masculin (*'al-'ism 'l-muḏakkar huwa 'l-ism 'l-dâll ʿalâ 'l-ḏukûr*): *rağulun, ʾasadun.*

18.128. Le nom féminin est le nom qui renvoie au sexe féminin (*'al-'ism 'l-muʾannaṯ huwa 'l-'ism 'l-dâll ʿalâ 'l-ʾinâṯ*): *'imraʾa, labuʾa.*

18.129. Le nom masculin n'a pas de marque morphologique: on n'est informé (de sa masculinité) que par la nature (de ce mot) (*'al-'ism 'l-*

muḏakkar lâ ʿalâma lah wa ʾinnamâ yustadall ʿalayh bi-ʾl-maʿnâ): *raǧulun, ʾasadun* [N.B: en réalité, il suffirait de dire qu'est masculin tout nom qui n'est pas féminin par nature et qui ne possède pas de marque morphologique du féminin, voir plus loin].

Quant au nom féminin, il y en a (une sorte) qui a des marques extérieures (du genre) et qu'on appelle phonétique (*ʾammâ ʾl-muʾannaṯ faminh mâ lah ʿalâmât ẓâhira wa yusammâ lafẓiyyan*): *ʾimraʾa*. Il y a (une sorte) qui n'a pas de marques extérieures (du genre) et qu'on appelle sémantique (*wa minh mâ laysa lah ʿalamât ẓâhira wa yusammâ maʿnawiyyan*).

(*ʾasmâʾ -ʾl-muʾannata*): *ʾuḏn, ḏirâʿ, riǧl, sâq, ʿayn, faḫḏ, qadam, katif, kaff, yad* [NP: parties du corps doubles], *ʾiṣbaʿ, sinn* [NP: parties du corps simples]; *ʾarḍ, rîḥ* [NP: éléments naturels]; *biʾr, dalw, dâr, ʿaṣâ, qaws* [NP: instruments]; *nâr, ḥarb, šams* [NP: chaleur]; *yamîn, šimâl.* [NP: directions].

18.130. Les marques morphologiques du nom féminin phonétique sont trois (*ʿalâmât ʾl-ʾism ʾl-muʾannaṯ ʾl-lafẓîy ṯalâṯ*):
– Le *tâʾ* attaché (*ʾal-tâʾ ʾl-marbûṭa*): *niʿma, qâʾila.*
– le *ʾalif* écourté additionnel [NP: par rapport aux consonnes radicales] (*ʾal-ʾalif ʾl-maqṣûra ʾl-zâʾida*): *Salmâ* (< *salima*), *ʿaṭšâ* (<*ʿaṭiša*).
– le *ʾalif* prolongé additionnel [NP: par rapport aux consonnes radicales] (*ʾal-ʾalif ʾl-mamdûda ʾl-zâʾida*): *sawdâʾ* (< *sawida*); *ṣaḥrâʾ* (< *ṣaḥira*).

– 18.131. Quelques noms terminés par le *tâʾ* attaché (qu'il s'agisse du qualifié ou du qualificatif) sont masculins (*baʿḍ ʾl-ʾasmâʾ ʾl-maḫtûma bi-ʾl-tâʾ ʾl-marbûṭa [mawṣûfan kânat ʾaw ṣifa] hiya ʾasmâ ʾl-ḏukûr*): *Ṭalḥatu* [nom propre d'homme], *ʾustâḏun ʿallâmatun* [NP: épithète], *ḥaddaṯa ʾl-râwiyatu* [«les narrateurs» nom commun pluriel de *râwin*].

18.132. Les noms terminés par *ʾalif maqṣûra* qui provient de la racine du verbe (NP = dont le *ʾalif* n'est pas additionnel) ne sont pas féminins: *hudan* (< *hadâ*); *maʾwan* (de *ʾawâ*); *Muṣṭafan* (de *ʾiṣṭafâ*); *fatan* (de *fatiya*) (*ʾinna ʾl-ʾasmâ ʾl-muntahiya bi ʾl-ʾalif ʾl-maqṣûra min ʾaṣl ʾl-fiʿl lâ takûn muʾannaṯa*).

18.133. Les noms terminés par *hamza* précédé d'un *ʾalif* de la racine du verbe [dont le *ʾalif* n'est pas additionnel] ne sont pas féminins: *binâʾ*

(de *banâ*, rac. *bny) ('inna 'l-'asmâ' 'l-maḫtûma bi-hamza qablahâ 'alif min 'aṣl 'l-fi'l, 'ay ġayr zâ'ida, lâ takûn mu'annaṯa).*

18.134. Le nom masculin et le nom féminin a deux variétés (*'al-'ism 'l-muḏakkar wa 'l-mu'annaṯ naw'ân)*:
– authentique (*ḥaqîqîy*): c'est le nom qui a un masculin et un féminin appartenant à son espèce (*huwa 'l-'ism 'llaḏî lah muḏakkar wa mu'annaṯ min ǧinsih*): *raǧul* /*'imra'a*; *nâqa* /*ǧamal*; *fatan*/*fatât*.
– par métaphore (*maǧâzî*): c'est le nom qui n'a pas un masculin et un féminin appartenant à la même espèce (*huwa 'l-'ism 'llaḏî laysa lah muḏakkar wa mu'annaṯ min ǧinsih*): *ṭâwilatun, qalamun, qawsun.*

18.135. Le nom qualifiable se met au féminin par deux méthodes (*yu'annaṯ 'l-'ism 'l-mawṣûf 'alâ ṭarîqatayn*):
– de façon régulière: par l'addition d'un *tâ'* attaché à sa finale (*qiyâsiyatan bi-ziyâda tâ' marbûṭa fî 'âḫirih*): *namirun, namiratun*; *fallâḥun, fallâḥatun.*
– selon l'usage, sans règle (*samâ'iyyatan, lâ qâ'ida lahâ*): *raǧulun* > *'imra'atun; dîkun* > *daǧâǧatun.*

18.136. L'adjectif se met au féminin par l'addition du *tâ'* attaché (*tu'annaṯ 'l-ṣifa bi-ziyâda tâ' marbûṭa)*: *kâḏibun, kâḏibatun, maqtûlun, maqtûlatun.*

18.137. Font exception à cette règle 3 schèmes (*šaḏḏa 'an haḏihi 'l-qâ'ida ṯalâṯat 'awzân*): le schème *fa'lân*, le schème *'af'al* qui désigne une couleur, un défaut ou une particularité physique, le schème *'af'al* qui désigne l'élatif (*wazn fa'lân, wazn 'af'al 'l-dâll 'alâ lawn 'aw 'ayb 'aw ḥilya, wazn 'af'al 'l-dâll 'alâ tafḍîl*).

18.138. Si l'adjectif est de schème *fa'lân*, il se met au féminin selon le schème *fa'lâ* (*'iḏâ kânat 'l-ṣifa 'alâ wazn fa'lân tu'annaṯ 'alâ wazn fa'lâ*): *sakrânu* > *sakrâ; 'aṭšânu* > *'aṭšâ.*

18.139. Si l'adjectif est de schème *'af'al* désignant une couleur ou un défaut ou une particularité physique, il se met au féminin selon le schème *fa'lâ* (*'iḏâ kânat 'al-ṣifa 'alâ wazn 'af'al 'l-dâll 'alâ lawn 'aw 'ayb 'aw ḥilya tu'annaṯ 'alâ wazn fa'lâ*): *'aḥmaru* > *ḥamrâ'*; *'a'raǧu* > *'arǧâ'.*

18.140. Si l'adjectif est de schème *'af'al* désignant l'élatif, il se met au féminin selon le schème *fu'lâ* (*'iḏâ kânat 'l-ṣifa 'alâ wazn 'af'al 'l-dâll 'alâ tafḍîl tu'annaṯ 'alâ wazn fu'lâ*): *'akbaru* > *kubrâ*; *'aṣġaru* > *ṣuġrâ.*

Noms qui autorisent à leur propos (un accord) au masculin et au féminin (*'asmâ' yağûz fîhâ 'l-taḏkîr wa 'l-ta'nîṯ*): *ṭarîq, ḥâl, ḫamr, sikkîn, faras, samâ', ʿunuq, dirʿ, 'arnab, qamîṣ*. [NP: on peut y ajouter: *qafan, kabid, lisân, misk, milḥ, mûsan, nafs, ʿağuz, ʿaḍud, ʿuqâb, ʿaqrab, ʿanqabût, firdaws, fihr, qidr, 'ibṭ, ḏahab, sirwâl, sulṭân, silm, ḍuḥan*].

19. Le nom écourté, prolongé et défectueux (*'al-'ism 'l-maqṣûr wa 'l-mamdûd wa 'l-manqûṣ).*

19.141. Le nom écourté est le nom terminé par un *'alif* inhérent (NP: c'est-à-dire radical par opposition à un *'alif* suffixe du féminin, *'alif maqṣûra* ***zâ'ida***, comme dans *ḏikrâ* p.ex.), et le *'alif* sera soit long, soit écourté (*'al-'ism 'l-maqṣûr huwa 'l-'ism 'l-maḫtûm bi 'alif* ***lâzima****, wa takûn 'l-'alif 'immâ ṭawîla, 'immâ maqṣûra)*: *ʿaṣan* [NP: le mot s'écrit en arabe avec un *'alif ṭawîla* appelé aussi *mamdûda*, car la troisième radicale est /*w*/] *fatan* [NP: le mot s'écrit en arabe avec un *'alif maqṣûra* car la troisième radicale est /*y*/].

19.142. Le nom écourté prend toujours un *nûn* (d'indétermination) à deux *fatḥa* aux cas nominatif, accusatif et génitif (*'al-'ism 'l-maqṣûr yunawwan dâ'iman bi-fatḥatayn fî ḥâlat 'l-rafʿ wa 'l-naṣb wa 'l-ğarr*): *ğâ'a fatan, ra'aytu fatan, marartu bi-fatan.*

19.143. Le nom prolongé est le nom terminé par un *hamza* précédé de *'alif* (*'al-'ism 'l-mamdûd huwa 'l-'ism 'l-maḫtûm bi-hamza qablahâ 'alif*): *samâ', ḥamrâ'.*

19.144. Le nom défectueux est le nom terminé par un *yâ'* inhérent précédé d'une voyelle /i/ (*'al-'ism 'l-manqûṣ huwa 'l-'ism 'l-maḫtûm bi-yâ' lâzima qablahâ kasra)*: *'al-qâḍî, 'al-râmî*. (= *qâḍiy, râmiy*).

19.145. Le nom défectueux prend le *nûn* (d'indétermination) (*'al-'ism 'l-manqûṣ yunawwan)*:
– aux cas nominatif et génitif par deux *kasra* après retranchement du yâ' (*fî ḥâlatay al-rafʿ wa 'l-ğarr bi-kasratayn baʿda ḥaḏf 'l-yâ')*: *ğâ'a qâḍin, marartu bi-qâḍin* [NP: *qâḍiyun* >*qâḍiyin* >*qâḍîn* >*qâḍin; qâḍiyin* >*qâḍîn* > *qâḍin).*
– au cas accusatif comme le reste des noms (*fî ḥâlat 'l-naṣb kabâqî 'l-'asmâ')*: *ra'aytu qâḍiyan.*

20. Le singulier et le duel

20.146. Le nom singulier est un nom qui désigne une seule personne ou un animal ou une seule chose (*'al-'ism 'l-mufrad huwa 'sm yadull 'alâ šaḫṣ wâḥid 'aw ḥayawân 'aw šay' wâḥid*): *naǧǧârun, kalbun, kitâbun*.

20.147. Le nom duel est un nom qui désigne deux personnes, deux animaux ou deux choses (*'al-'ism 'l-muṯannâ huwa 'sm yadull 'alâ šaḫṣayn 'iṯnayn 'aw ḥayawânayn 'iṯnayn 'aw šay'ayn 'iṯnayn*): *naǧǧârâni, kalbâni, kitâbâni*.

20. 148. Le nom est mis au duel en donnant à sa finale la voyelle /a/ et en y ajoutant la désinence du duel (*yuṯannâ 'l-'ism bi-'an yuftaḥ 'âḫiruh wa yuzâd 'alayh 'alâmat 'l-taṯniya wa hiya*):
– au nominatif: *'alif* et *nûn* avec voyelle /i/ (*fî ḥâlat 'l-rafʿ: 'alif wa nûn maksûra*): *ǧâ'a waladâni*.
– à l'accusatif et au génitif: *yâ'* et *nûn* avec voyelle /i/ (*fî ḥâlatay 'l-naṣb wa 'l-ǧarr: yâ' wa nûn maksûra*): *ra'aytu waladayni*.

20.149. Deux sortes de noms font exception à cette règle: le nom écourté et le nom prolongé (*šadda 'an haḏihi 'l-qâ'ida naw'ân min 'l-'ism: 'al-'ism 'l-maqṣûr wa 'l-'ism 'l-mamdûd*).

20.150. Le nom écourté (*'inna 'l-'ism 'l-maqṣûr*):
– s'il est terminé par un *'alif* long, son *'alif* est transformé en *wâw* avec voyelle /a/, à quoi on ajoute la désinence du duel: *'aṣâ > 'aṣawa > 'aṣawâni*. (*'iḏâ kâna maḥṯûman bi-'alif ṭawîla tuqlab 'alifuh wâwan maftûḥatan wa yuzâd 'alayhâ 'alâmat 'l-taṯniya*): *'aṣan >'aṣawa > 'aṣawâni*.
– s'il est terminé par un *'alif* court, son *'alif* est transformé en *yâ'* avec voyelle /a/ à quoi on ajoute la désinence du duel: *fatan > fataya > fatayâni* (*wa 'iḏâ kâna maḥṯûman bi-'alif maqṣûra tuqlab 'alifuh yâ'an maftûḥa ṯumma yuzâd 'alayhâ 'alâmat 'l-taṯniya*).

20.151. Le nom prolongé (*'inna 'l-'ism 'l-mamdûd*):
– s'il est terminé par un hamza du féminin, celui-ci est transformé en *wâw* à voyelle /a/, puis on y ajoute la désinence du duel: *ḥaḍrâ' > ḥaḍrâwa > ḥaḍrâwâni*. (*'iḏâ kâna maḥṯûman bi-hamza li-'l-ta'nîṯ tuqlab wâwan ṯumma yuzâd 'alayhâ 'alâmat-'l-taṯniya*).

– s'il est terminé par un *hamza* qui n'est pas pour (indiquer) le féminin, le *hamza* reste en son état ou est transformé en *wâw* à voyelle /a/ (*wa ʾiḏâ kâna maḫtûman bi-hamza laysat li-'l-ta'nîṯ tabqâ 'l-hamza ʿalâ ḥâlihâ ʾaw tuqlab wâwan maftûḥatan ṯumma yuzâd ʿalayhâ ʿalâmat 'l-taṯniya*): *samâʾ* > *samâʾâni* ou *samâwâni*.

21. Les divisions du pluriel (*ʾaqsâm ʾl-ǧamʿ*)

21.152. Le pluriel est le nom qui désigne plus que deux personnes ou deux animaux ou deux choses (*'al-ǧamʿ huwa 'sm yadull ʿalâ ʾakṯar min šaḫṣayn ʾaw ḥayawânayn ʾaw šayʾayn*): *naǧǧârûna, sâʿâtun, kutubun.*

21.153. Le pluriel a deux divisions: intègre et brisé (*'al-ǧamʿ qismân: sâlim wa mukassar*).

21.154. Le pluriel intègre est un nom dans lequel la forme phonétique du singulier subsiste sans changement et auquel est ajoutée la désinence du pluriel (*al-ǧamʿ 'l-sâlim huwa 'sm yabqâ fîh lafẓ 'l-mufrad bidûn taġyîr wa tuzâd ʿalayh ʿalâmat 'l-ǧamʿ*): *muʿallim, muʿallimûna.*

21.155. Le pluriel intègre est de deux espèces: masculin et féminin (*'al-ǧamʿ 'l-sâlim nawʿân muḏakkar wa muʾannaṯ*).

21.156. La désinence du pluriel masculin sain est (*ʿalâmat ǧamʿ 'l-muḏakkar 'l-sâlim hiya*):
– /w/ et /n/ en situation de nominatif: *qadima 'l-zâʾirûna* [*'l-zâʾi**ruw**na] (*wâw wa nûn fî ḥâlat ʾl-rafʿ*). [(NP: dans ce cas, /ûna/ de *zâʾirûna* sera analysé comme ***marfûʿ bi-ʾl-wâw*** *li-ʾannah ǧamʿ muḏakkar sâlim*, ce qui signifie que, pour les grammairiens arabes, ce *wâw* est une désinence d' *ʾiʿrâb* (nominatif/indicatif) au même titre que le *wâw* final du nominatif des 5 noms (*ʾab**û**, ʾaḫ**û**, ḥam**û**, ḏ**û**, f**û***), que le maintien du *nûn* dans les 5 verbes (*tafʿalî**na**, tafʿalâ**ni**, yafʿalâ**ni**, tafʿalû**na**, yafʿalû**na***), que le *ʾalif* du duel nominatif (dans tous ces cas, on parlera de ***ʿalâmât farʿiyya*** du *rafʿ*), que le /**u**/ du nominatif/indicatif (dans ce cas, on parlera de ***ʿalâmât ʾaṣliyya*** du *rafʿ*)].
– /y/ et /n/ à voyelle /a/ en situation d'accusatif (*yâʾ wa nûn maftûḥa fî ḥâlat 'l-naṣb*): *raʾaytu 'l-muʾminîna* [*'l-muʾmi**niy**na].[NP: dans ce cas, /îna/ de *muʾminîna* sera analysé comme ***manṣûb bi-ʾl-yâʾ*** *liʾannah ǧamʿ muḏakkar sâlim*, ce qui signifie que, pour les grammairiens arabes, ce *yâʾ* est une désinence d'*ʾiʿrâb* au même titre que le *yâʾ* du duel avec son

appendice *nûn* (*yâ' 'l-muṯannâ wa 'l-mulḥaq bih*), le *'alif* dans les 5 noms, le /i/ dans la désinence du pluriel sain féminin: ***ʿalâmât farʿiyya*** du *naṣb*), le /a/ dans l'accusatif/subjonctif du nom/verbe ***ʿalâma 'aṣliyya*** du *naṣb*].
– /y/ et /n/ à voyelle /a/ en situation de génitif (*yâ' wa nûn fî ḥâlat 'l-ǧarr*): *sallamtu ʿalâ 'l-qâdimîna.* [*'*l-qâdimiyna*] [NP: dans ce cas, le /îna/ de *qâdimîna* sera analysé comme ***maǧrûr bi-'l-yâ'*** *li'annah ǧamʿ muḏakkar sâlim*, ce qui signifie que, pour les grammairiens arabes, ce *yâ'* est une désinence d'*'iʿrâb* au même titre que le *yâ'* du duel, le /a/ dans un nom diptote (***ʿalâmât farʿiyya*** du *ǧarr)*, le /i/ dans le nom triptote (NP: ***ʿalâma 'aṣliyya*** du *ǧarr*].

21.157. Le nom qualifiable est mis au pluriel d'un pluriel masculin intègre quand c'est un nom propre d'êtres rationnels masculins et qu'il est dépourvu du *tâ'* de la mise au féminin [NP: auquel cas le pluriel est en /-ât/] (*yuǧmaʿ 'l-'ism 'l-mawṣûf ǧamʿan muḏakkaran sâliman 'iḏâ kâna 'sm ʿalam li-'l-ḏukûr 'l-ʿuqalâ' wa ḫâliyan min tâ' 'l-ta'nîṯ*): *Zayd* > *Zayd**ûna**, Yûsuf* > *Yûsuf**ûna**.*

21.158. Le nom qualificatif est mis au pluriel d'un pluriel masculin intègre quand il est: (*yuǧmaʿ 'sm 'l-ṣifa ǧamʿan muḏakkaran sâliman 'iḏâ kâna*):
– une qualification de l'être rationnel dépourvue du *tâ'* au masculin et qui est mise au féminin avec *tâ'* (*ṣifatan li-'l-ʿâqil ḫâliyatan min 'l-tâ' fî 'l-muḏakkar wa 'unniṯat bi-'l-tâ'*): *ʿâlimun* (*ʿâlimatun*) > *ʿâlim**ûna**.*
– une qualification de l'être rationnel à la forme de l'élatif (*ṣifatan li-'l-ʿâqil ʿalâ wazn 'afʿal 'l-tafḍîl*): *'akramu* > *'akram**ûna**.*

21.159. La désinence du pluriel féminin intègre est *'alif* et *tâ' mabsûṭa*, ajoutés après retranchement du *tâ'* du singulier (*ʿalâma ǧamʿ 'l-mu'annaṯ 'l-sâlim 'alif wa tâ' mabsûṭa, zâ'idatân baʿda ḥaḏf tâ' 'l-mufrad): mu'minatun > mu'min > mu'minât.*

21.160. Le nom qualifiable est mis au pluriel féminin intègre s'il est (*yuǧmaʿ 'l-'ism 'l-mawṣûf ǧamʿan mu'annaṯan sâliman 'iḏâ kâna):*
– (un nom faisant partie des) noms propres de femmes, même s'il n'est pas terminé par la désinence du féminin (*min 'aʿlâm 'l-nisâ' wa law kâna ġayr maḫtûm bi ʿalâmat 'l-ta'nîṯ*): *Maryam > Maryamât; Hind > Hindât.*
– un *maṣdar* de plus de 3 lettres (*maṣdaran taǧâwaza 'l-ṯalâṯata 'aḥruf*): *'iḥsân > 'iḥsânât, taʿrîf > taʿrîfât.*

– un nom (masculin ou féminin) terminé par une des désinences du féminin (*'isman (mudakkaran 'aw mu'annatan) maḫtûman bi-'iḥdâ 'alâmât 'l-ta'nîṯ*): *waraq-atun* > *waraq-ât*; *ḥumm-â* > *ḥumm-âyât*; *ṣaḥr-â'* > *ṣaḥr-âwât* [NP: tous ces noms sont féminins]

21.161. Le nom de qualification est mis au pluriel féminin intègre s'il est terminé par une des désinences du féminin (*yuǧma' 'ism 'l-ṣifa ǧam'an mu'annatan sâliman 'idâ kâna maḫtûman bi-'iḥdâ 'alâmât 'l-ta'nîṯ*): *kabîr**a*** > *kabîrât; fuḍl**â*** > *fuḍlayât* [NP: noter ici l'abrègement d'une voyelle longue du singulier]; *ḫaḍr**â'*** > *ḫaḍrâwât.*

21.162. Le pluriel de fracture est un nom dont la forme du singulier est altérée (au pluriel) (*ǧam'u 'l-taksîr huwa 'sm taġayyarat ṣûrat mufradih)*: *kitâb* > *kutub, raǧul* > *riǧâl.*

21.163. Le pluriel de fracture est composé de trois catégories (*ǧam' 'l-taksîr ṯalâṯat 'anwâ'*):
– par substitution des voyelles de son singulier (*bi-'ibdâl ḥarakât mufradih)*: *'asad* > *'usud.*
– par retranchement d'une de ses lettres (= du singulier) (*bi-ḥadf 'aḥad ḥurûfih*): *rasûl* [**rasu**wl***]> *rusul.*
– par addition à celui-ci (= au singulier) (*bi-'l-ziyâda 'alayh*): *raǧul* > *riǧâl* (addition de *'alif).*

21.164. Les pluriels de fracture ont des formes régulières dans quelques noms qualifiables et dans quelques noms de qualification (*li-ba'ḍ 'l-ǧumû' 'l-mukassara 'awzân qiyâsiyya wa dalika fî ba'ḍ 'l-'asmâ' 'l-mawṣûfa wa fî ba'ḍ 'asmâ' 'l-ṣifa)*:
– *fa'al > fi'âl: ǧamal > ǧimâl;*
– *fi'al, fa'il, fi'l > 'af'âl: 'inab > 'a'nâb; katif > 'aktâf; ṭifl > 'aṭfâl.*
– *fu'la > fu'al: 'ulba >'ulab.*
– *fi'la, fi'al: tihma > tiham.*
– *fâ'il, fâ'ila > fawâ'il: ḫâtim > ḫawâtim; qâ'ima > qawâ'im.*
– *fa'îla > fa'â'il et fa'âyil: qabîla > qabâ'il; mikyada > makâyid.*
– *mif'al > mafâ'il: minǧal > manâǧil.*
– *mif'âl > mafâ'îl: miftâḥ > mafâtîḥ.*

21.166. Les schèmes de pluriels brisés dans quelques noms de qualification sont (*'awzân 'l-ǧam' 'l-mukassar fî ba'ḍ 'asmâ' 'l-ṣifa hiya)*:
– *af'al* dont le féminin est (*'alladî mu'annatuh*) *fa'lâ'* > *fu'l.* [NP: il est à signaler que pour Sîbawayhi, *fu'l* est un pluriel pour le masculin et le féminin]: *'aḥmar* > *ḥamrâ'* > *ḥumr.*

– *af'al* de l'élatif (*'af'al 'l-tafḍîl*) > *'afâ'il. 'afḍal* > *'afâḍil.*

22. La relation (*al-nisba*) [*'ism 'l-nisba*].

22.167. La relation est une forme dans laquelle le nom se transforme pour indiquer le rattachement d'une propriété à ce nom (*'al-nisba ṣîġa yuḥawwal 'ilayhâ 'l-'ism li-'l-dalâla 'alâ 'ntisâb šayy' 'ilayh)*: *lubnânîy* > homme originaire du Liban (*'ay rağul min Lubnân).*

22.168. Le nom (de relation) est formé avec la forme du singulier masculin dont la finale porte la voyelle /i/, à laquelle on ajoute un *yâ'* redoublé [NP: on voit ici que pour les grammairiens arabes, *iyy* est la seule représentation phonétique possible de la désinence du nom de relation] (*yu'ḫaḏ 'l-'ism bi-ṣûrat 'l-mufrad 'l-muḏakkar wa yuksar 'âḫiruh wa yuzâd 'alayh yâ' mušaddada)*: *nâṣiratu* > *nâṣiri* > *nâṣiriyy*, *'âlamûna* > *'âlami* > *'âlamiyy*. Si le nom (de relation) est formé avec le pluriel de fracture, on peut faire la relation avec lui ou avec son singulier (*'ammâ 'iḏâ kâna 'l-'ism bi-ṣûrat ğam' 'l-taksîr, fa yağûz 'l-nisba 'ilayh wa 'l-nisba 'ilâ mufradih*): *malâ'ika* > *malâ'ikiyy, malâkiyy.*

22.169. Font exception à cette règle générale les mots suivants (*yustaṯnâ mina 'l-qâ'ida 'l-'âmma 'l-'alfâẓ 'l-'âtiya)*: *madîna* > *madaniyy; qarya* > *qarawiyy; ḥayy* > *ḥayawiyy; yad* > *yadawiyy; 'ab* > *'abawiyy; 'ibn* > *banawiyy; 'aḫ* >*'aḫawiyy; sana* > *sanawiyy; luġa* > *luġawiyy; dam* > *damawiyy.*

22.170. Le nom terminé par un *hamza* (*'al-'ism 'l-maḫtûm bi-hamza*):
– s'il s'agit d'un *hamza* du féminin, il est transformé en *wâw* (*'in kânat hamza li-'l-ta'nîṯ tuqlab wâwan*): *bayḍâ'* > *bayḍâwiyy.*
– si ce n'est pas (un hamza) pour le féminin, sa transformation (en *wâw),* ou son maintien est autorisée (*'in lam takun li-'l-ta'nîṯ ğâza qalbuhâ wa 'iṯbâtuhâ)*: *samâ'* > *samâwiyy, samâ'iyy.*

22.171. Le nom terminé par la lettre de débilité devient adjectif de relation en général par retranchement de sa finale puis annexion du *yâ'* de relation (*'al-'ism 'l-maḫtûm bi-ḥarf 'illa yunsab 'ilayh fî 'l-'umûm bi-ḥaḏf 'âḫirih ṯumma 'iḍâfat yâ' 'l-nisba*): *Muṣṭafâ* > *Muṣṭaf* > *Muṣṭafiyy; al-mustaqṣî* > *al-mustaqṣ* > *al-mustaqṣiyy.*

22.172. Si le nom est trilitère ou quadrilitère terminé par *'alif* ou *yâ'* sa finale est transformée en *wâw*, ensuite on annexe le *yâ'* de relation (*'iḏâ kâna 'l-'ism ṯulâṯiyyan 'aw rubâʿiyyan maḫtûman bi-'alif 'aw yâ' yuqlab 'âḫiruh wâwan*): *fatan* > *fataw* > *fatawiyy*; *'al-qâḍî* > *'al-qâḍiw* > *'al-qâḍawiyy.*; *maʿnan* > *maʿnaw* > *maʿnawiyy*. [Note de G. Bohas: on peut s'étonner de cette présentation des faits, en particulier des formes sous-jacentes proposées: *fataw*, *'al-qâḍiw*, *maʿnaw*, car, étymologiquement, ces mots ont une troisième radicale *yâ'* et non *wâw*. On peut donc rendre compte des faits d'une manière convaincante en supposant ici des formes sous-jacentes: *fatay*, *'al-qâḍiy*, *maʿnay*. Ceci permet de reconstruire un processus: *fatan* > *fatay* > *fatayiyy* > *fatawiyy*; *al-qâḍî* [**'al-qâḍiy*] > *'al-qâḍiyiyy* > *'al-qâḍiwiyy* > *'al-qâḍawiyy*; *maʿnan* > *maʿnay* > *maʿnayiyy* > *maʿnawiyy*. Nous avons dans ces cas des formes qui présentent trois *y* consécutifs, situation inacceptable à laquelle il est remédié par le *qalb* du premier *y* en *w*].

23. Le diminutif (*'al-taṣġîr)*.

23.173. Le diminutif est une forme dans laquelle le nom est transformé pour indiquer la petitesse, le mépris ou l'affection (*'al-taṣġîr ṣîġa yuḥawwal 'ilayhâ 'l-'ism li-'l-dalâla ʿalâ taqlîl 'aw taḥqîr 'aw taḥabbub*): *waladun* > *wulaydun*.

23.174. La règle du nom mis au diminutif est que (*qâʿidat 'l-'ism 'l-muṣaġġar 'an)*:
– la première lettre porte la voyelle /u/ (*yuḍamm 'awwal ḥarf minh*).
– la deuxième lettre porte la voyelle /a/ et si c'est une lettre de débilité, elle est ramenée à sa base [NP: *bâb* > *buwayb*, racine /*bwb*/], ensuite elle est vocalisée /a/. (*yuftaḥ 'l-ṯânî wa 'iḏâ kâna ḥarf ʿilla yuradd 'ilâ 'aṣlih ṯumma yuftaḥ).*
– on ajoute le /y/ du diminutif portant le *sukûn* (*tuḍâf yâ' 'l-taṣġîr sâkina)*.
– la lettre suivante porte la voyelle /i/ sauf dans quelques cas où elle porte la voyelle /a/ (*yuksar 'l-ḥarf 'l-tâlî, 'illâ fî baʿḍ 'l-'aḥwâl fa-yuftaḥ).*[NP: p.ex. dans *'uwayqât*, diminutif de *'awqât*, voir plus loin 23.175].
Ex.: *dirham* > *durayhim; šâʿir* > *šuwayʿir*. [NP: seuls les principes généraux sont exposés ici, sans qu'une distinction soit faite entre le diminutif des mots trilitères et quadrilitères notamment. On trouvera à ce propos un exposé plus complet dans le quatrième tome des *Mabâdi' 'l-ʿarabiyya* de Rašîd Šartûnî, p. 112-115].

23.175. La lettre qui se présente après le *yâ'* du diminutif porte la voyelle /a/ s'il y a après cette lettre un *tâ'* ou un *'alif* (*'inna 'l-ḥarf 'l-wâqi' ba'da yâ' 'l-taṣgîr yuftaḥ 'in kâna ba'dahu tâ' 'aw 'alif*): *Zahra(t) > Zuhayra(t), Salmâ > Sulaymâ; sawdâ' > suwaydâ'; 'awqât > 'uway-qât; sakrân > sukayrân.*

Quelques formes de diminutif (*ba'ḍ ṣiyaġ 'l-taṣġîr*): *zuhayra(t), 'uḏayrâ', sukayrân, buwayb, muwayzîn, šuway'ir, quṣayr, 'uṣayy, 'uǧayz, 'uzayyil, 'ubayy ('ab), bunayy ('ibn), šufayha (šafa), šumaysa, šuǧayr, šuǧayra, quways, duray', nu'ayl, 'urays, 'Ubayd 'Allah, ruwayǧil (raǧul),* [NP: il s'agit là d'une forme dialectale du diminutif de *raǧul* et non de la forme classique qui est régulière: *ruǧayl*] *'ubayḥir (baḥr), 'unaysân ('insân), 'alluḏayyâ ('allaḏî), 'allutayyâ ('allatî).*

24. Le nom non fléchissable: le pronom (*al-'ism 'l-ġayr 'l-mutaṣarrif: 'al-ḍamîr*).[NP: bien que le mot *ḍamîr* signifie dans un sens général «implicite» (voir LE, p. 132), on peut considérer que la manière la moins imparfaite de le traduire dans une langue européenne soit «pronom»: voir *EAGT*, p. 287, s.v. *ḍamîr* et *SHAG 2*, p. 196 (contribution de P. Larcher): «Ibn al-Ḥâǧib se contente de définir le pronom comme ce qui est institué pour un énonciateur, un allocuté ou un absent».

24.176. Le pronom est un nom qui représente une personne qui parle, à laquelle on parle («allocuté») ou absente (=*'al-ḍamîr 'ism yanûb 'an šaḫs mutakallim, 'aw muḫâṭab 'aw ġâ'ib*): *'anâ, 'anta, huwa.* [NP: on rappellera que le *'alif* qui apparaît dans la finale de *'anâ* est purement graphique et ne correspond pas à un allongement phonologique de la voyelle].

24.177. Le pronom est de deux sortes: **apparent et caché** (*'al-ḍamîr qismân bâriz wa mustatir*).

24.178. Le pronom **apparent** est celui qui est prononcé (*'al-ḍamîr 'l-bâriz huwa 'llaḏî yulfaẓ*): *ta'allam***tu**, ***huwa*** *muǧtahid.*

24.179. Le pronom apparent est (divisé en) deux parties (*'al-ḍamîr 'l-bâriz qismân*): séparé et relié (*munfaṣil wa muttaṣil).*

24.180. Le pronom apparent séparé est un pronom complètement indépendant (*'al-ḍamir 'l-bâriz 'l-munfaṣil huwa ḍamîr mustaqill bi-ḏâtih*), p.ex. *huwa naǧaḥa.*

24.181. Le pronom apparent séparé est de deux sortes: une sorte pour le nominatif et une sorte pour l'accusatif (*'al-ḍamîr 'l-bâriz 'l-munfaṣil qismân qism li-'raf' wa qism li-'naṣb*).

24.182. Les formes du pronom apparent séparé du nominatif sont (*'alfâẓ 'l-ḍamîr 'l-bâriz 'l-munfaṣil li-'l-raf' hiya): 'anâ, 'anta* (...) *hunna.*

24.183. Les formes du pronom apparent séparé de l'accusatif sont (*'alfâẓ 'l-ḍamîr 'l-bâriz 'l-munfaṣil li-'l-naṣb hiya*): *'iyyâya, 'iyyâka* (...) *'iyyâhunna.*

24.184. Le pronom apparent relié est un pronom qui est comme une partie du mot (*'al-ḍamîr 'l-bâriz 'l-muttaṣil huwa ḍamîr yakûn ka-ğuz' min 'l-kalima*): *fataḥ**nâ*** [NP: on observera qu'il n'y a pas de place dans ce système d'analyse pour la notion de suffixe personnel dans une conjugaison, puisqu'il y équivalence entre /*naḥnu*/ et /*-nâ*/].

24.185. Le pronom apparent relié est (composé) de trois parties (*'al-ḍamîr 'l-bâriz 'l-muttaṣil ṯalâṯat 'anwâ'*): une partie pour le nominatif, une partie pour l'accusatif, une partie pour l'accusatif et le génitif, une partie pour le nominatif, l'accusatif et le génitif (*qism li-'l-raf', qism li-'l-ğarr wa 'l-naṣb, qism li-'l-raf' wa 'l-naṣb wa 'l-ğarr*).
Les formes du pronom apparent relié du **nominatif** sont cinq (*'alfâẓ 'l-ḍamîr 'l-bâriz 'l-muttaṣil li-'l-raf' ḫamsa*):

24.186.

(1) le *tâ'*: /-**tu**/, /-**ta**/, /-**ti**/, /-**tumâ**/, /-**tum**/, /-**tunna**/.
(2) l'alif du duel (*'alif 'l-'iṯnayn*): *ğalas**â**, yağlis**â**ni, 'iğlis**â*** [NP = *ğalasa", yağlisa" ni, 'iğlisa"*].
(3) le *wâw* du pluriel masculin (*wâw ğam' 'l-ḏukûr*): *ğalas**û**, yağlis**û**na, 'iğlis**û***. [NP = *ğalasu**w**, yağlisu**w**na, 'iğlisu**w***].
(4) le *nûn* du féminin (*nûn ğam' 'l-'inâṯ*): *ğalas**na**, yağlis**na**, 'iğlis**na**.*
(5) le *yâ'* du féminin (*yâ' 'l-muḫâṭaba*): *tağlis**î**na* [NP= *tağlisi**y**na*], *'iğlis**î*** [NP = *'iğlisi**y***].

Les formes du pronom apparent relié de l'**accusatif** et le **génitif** sont trois (*'alfâẓ 'l-ḍamîr 'l-bâriz 'l-muttaṣil li-'l-naṣb wa-'l-ğarr ṯalâṯa*):

24.187.

(1) Le *yâ'* du sujet parlant (*yâ' 'l-mutakallim)*: *qâṣaṣanî (naṣb) wâlidî (ğarr)* [NP = *qâṣaṣaniy wâlidiy*].
(2) Le *kâf* de celui à qui on parle (*kâf 'l-muḫâṭab)*: *qâṣaṣaka* (***kum***) ou (***ki, kunna***) *(naṣb) wâliduka (**kum, ki, kunna**)(ğarr).*
(3) Le *hâ'* de l'absent (*hâ' 'l-ġâ'ib*): *qâṣaṣahu(**hâ, hum, hunna**) (naṣb) wâliduhu (**hâ, hum, hunna**) (ğarr).*

24.188. La forme du pronom apparent relié du **nominatif, accusatif et génitif** est **/-nâ/**: *qâṣaṣanâ (naṣb) wâlidunâ(ğarr) fadarasnâ (raf').*

24.189. Le pronom caché est le pronom virtuel qui n'est pas prononcé (*'al-ḍamîr 'l-mustatir huwa 'l-ḍamîr 'l-muqaddar 'allaḏî lâ yulfaẓ)*: *kataba* (*huwa: mustatir*).

24.190. Le pronom caché est de deux sortes: caché facultativement et obligatoirement (*'al-ḍamîr 'l-mustatir naw'ân: mustatir ğawâzan wa wuğûban*).

24.191. Le pronom est caché facultativement à la 3ème personne masculine et féminine (*yakûn 'l-ḍamîr mustatiran ğawâzan fî 'l-ġâ'ib wa 'l-ġâ'iba*): *Zaydun 'atâ (huwa).*

24.192. Le pronom est caché obligatoirement à la 1ère et à la 2ème personne du singulier masculin (*yakûn 'l-ḍamîr mustatiran wuğûban fî 'l-mutakallim wa 'l-muḫâṭab*): *'aqûlu, naqûlu, taqûlu, qul* [NP: la formulation de ces deux paragraphes ne rend pas apparente la différence qui sépare le pronom caché facultativement du pronom caché obligatoirement. Cette différence apparaîtra par contre si on précise que le pronom caché facultativement peut être librement remplacé par un nom apparent. Ainsi, quand je dis: *Zaydun 'atâ*, le pronom caché facultativement après *'atâ*, qui est *huwa*, peut être librement remplacé par le nom apparent (*'ism ẓâhir*) *Zaydun*, puisqu'il est correct de dire: *'atâ Zaydun*, tandis que dans *'aqûlu*, il n'est pas correct de faire suivre un nom apparent, comme par exemple dans: **'aqûlu Muḥammadun* ou **nağtahidu talâmiḏatun*, car dans ces cas, l'agent «obligatoirement caché» est *'anâ* et *naḥnu*. Pour plus de précisions, on consultera *GDA*, I, p. 124 en bas].

25. Le nom non variable: le **nom de désignation** (*'al-'ism 'l-ġayr 'l-mutaṣarrif: 'ism 'l-'išara).*

25.193. Le nom de désignation est un nom qui désigne une personne déterminée ou un animal déterminé ou une chose déterminée par une désignation physique (*'ism 'l-'išâra huwa 'ism yadull ʿalâ šaḫṣ muʿayyan 'aw ḥayawân muʿayyan 'aw šayy' muʿayyan bi-'išâra ḥissiyya): hâḏâ 'l-waladu.*

25.194. Le nom de désignation (a) trois parties: proche, moyenne, éloignée. (*'ism 'l-'išâra ṯalâṯat 'aqsâm: qarîb wa mutawassiṭ wa baʿîd).*

25.195. Les formes phonétiques du nom de démonstration sont (*'alfâẓ 'ism 'l-'išâra hiya)*: pour le **proche** (*li-'l-qarîb*): *hâḏâ* (*mufrad:* singulier*)*, *hâḏâni* (*muṯannâ*: duel), *hâ'ula'i* (*ğamʿ*: pluriel); pour le lieu (*li-'l-makân*): *hunâ* fém.(*al-mu'annaṯ)*: *haḏihi, hâtâni, hâ'ulâ'i*; pour le **moyen** (*li-'l-mutawassiṭ)*: *ḏâka, ḏânika, 'ûlâ'ika*; pour le lieu: *hunâka*, fém. *tîka, tânika, 'ûlâ'ika*; pour l'**éloigné** (*li-'l-baʿîd*): *ḏâlika, ḏânnika, 'ûlâlika*, fém. *tilka, tânnika, 'ûlâlika*. Pour le lieu (*li-'l-makân)*: *hunâlika, ṯamma.*

25.196. Le *hâ'* qui est au début du nom de désignation pour le proche est appelé «le *hâ'* pour attirer l'attention» et il est parfois **retranché** (*'inna hâ' 'llatî fî 'awwal 'ism 'l-'išâra li-'l-qarîb tusammâ hâ' 'l-tanbîh wa tuḥḏaf 'aḥyânan*): *ḏâ, ḏihi, ḏâni, tâni, 'ûlâ'i.*

25.197. Tous les noms de désignation sont construits (*'inna 'asmâ' 'l-'išara kullahâ mabniyya)* [N.P: p.ex. *hâḏâ* [*hâḏa*"]: *mabnîy ʿalâ 'l-sukûn, fî maḥall rafʿ, naṣb* ou *ğarr* selon sa fonction dans la phrase; *hâ'ulâ'i, mabnîy ʿalâ 'l-kasr, fî maḥall* (...)]. Le duel est construit (*yubnâ 'l-muṯannâ minhâ*):
– sur le *'alif* au cas nominatif *(ʿalâ 'l-'alif fî ḥâlat-'l-rafʿ)*: *hâḏâni, ḏânika, hâtâni, tânika, tânnika.* [NP: **hâḏa" ni, ḏa" nika, ha" ta" ni, ta" nika, ta" nnika*].
– sur le *yâ'* aux cas accusatif et génitif (*ʿalâ 'l-yâ' fî ḥâlatay 'l-naṣb wa 'l-ğarr)*: *hâḏayni, ḏaynika, hâtayni, taynika, taynnika.* [NP: ici encore, il s'agit de noms parce qu'on y trouve des *éléments* de flexion, à savoir les **cas**, même si aucune voyelle de flexion désinentielle n'y apparaît à proprement parler].

26. Le **nom adjoint** (*'al-'ism 'l-mawṣul*).

26.198. Le nom adjoint est un nom dont le sens n'est complet que par une proposition qui le suit qui contient un pronom qui se réfère à lui (*'al-'ism 'l-mawṣûl huwa 'ism lâ yatimm maʿnâhu 'illâ bi-ğumla ta'tî baʿdahu tataḍamman ḍamîran yarğiʿ ilayh)*: *ğâ'a 'l-ḫâdimu 'llaḏî kallamtuka ʿanhu.*

26.199. La proposition du nom adjoint s'appelle **adjonction** (*tusammâ ğumlat-'l-'ism 'l-mawṣûl ṣila*).

26.200. Le pronom dans la proposition du nom adjoint est appelé le **rappel** (*yusammâ 'l-ḍamîr fî ğumlat 'l-'ism 'l-mawṣûl ʿâʾidan*). Il peut être (*qad yakûn*):
– apparent (*bârizan*): *ğâʾa 'llaḏî sâfara ʾabûhu.*
– caché (*mustatiran*): *ğâʾa 'llaḏî ʾarsaltu(hu).*

26.201. Le nom adjoint est de deux sortes: *'al-'ism 'l-mawṣûl qismân)*: particulier et commun (*ḫâṣṣ wa muštarak*).

26.202. L'adjoint particulier est une forme phonétique particulière pour chaque (forme) du singulier, du duel et du pluriel au masculin et au féminin (*'al-mawṣûl 'l-ḫâṣṣ huwa lafẓ ḫâṣṣ li-kull min 'l-mufrad wa 'l-muṯannâ wa 'l-ğamʿ, muḏakkaran wa muʾannaṯan*).

26.203. Les formes phonétiques de l'adjoint particulier sont (*'alfâẓ 'l-mawṣûl 'l-ḫâṣṣ hiya*): *'allaḏî, 'al-llaḏâni, 'al-llaḏayni, 'allaḏîna; 'allatî, 'al-llatâni, 'al-llatayni, 'al-llawâtî, 'al-llâtî, 'al-llâʾî.*

26.204. Le nom adjoint est toujours **construit** (*'al-'ism 'l-mawṣûl mabnîy dâʾiman*) [NP: ceci signifie qu'en tant que nom, l'adjoint a nécessairement un traitement par rapport à l'*iʿrâb*, c'est-à-dire la flexion désinentielle: s'il n'est ni fléchi avec les voyelles /u/, /a/, /i/ pour les 3 cas (ce qui ne vaut que pour *'ayy)*, ni construit invariablement (donc sans flexion) sur l'une de ces voyelles finales (comme dans *ḥayṯu* p.ex.), alors il est construit invariablement sur le *sukûn* (*'allaḏî, 'allatî* etc.) s'il n'y a en lui aucun élément qui peut **varier en fonction de la rection**, c'est-à-dire du régissant qui agit sur lui, dans ce cas, ce qui est appelé «antécédent» en français. On verra plus loin que si un de ses éléments varie en fonction du régissant (*ʿâmil*), p.ex. le *'alif* de *'al-llaḏâni*, alors l'adjoint est construit sur cet élément **qui varie en cas en fonction du régissant mais non par la flexion désinentielle (U,A,I) et c'est dans cette mesure qu'il est construit**. On peut ainsi résumer la situation du nom: il est soit *mutaṣarrif* (variable), ce qui signifie **totalement** variable, et est donc *muʿrab*, c'est-à-dire à flexion désinentielle /u/, /a/, /i/; ou bien il est *ġayr mutaṣarrif* (invariable), c'est-à-dire **partiellement** invariable, ce qui signifie qu'il peut être soit *mabnîy*, construit invariablement soit sur /u/, soit sur /a/, soit sur /i/ ou sur le *sukûn* si le mot n'est pas terminé par une de ces voyelles (*'aṣlan*, fondamentalement) ou sur un autre élé-

ment qu'une voyelle brève ou un *sukûn*, par exemple le ***'alif*** (*far'an*, secondairement) (c'est la partie vraiment invariable), comme p.ex. *'al-llaḏâni*, soit ***mu'rab***, à vraie flexion désinentielle, comme *'ayyun, 'ayyan, 'ayyin*, (c'est la vartie variable)].
Le duel est construit (*yubnâ 'l-muṯannâ minh*):
– sur le *'alif* au cas nominatif (*'alâ 'l-'alif fî ḥâlat 'l-raf'*): *'al-llaḏ**â**ni, 'al-llat**â**ni*. [NP: *'al-llaḏa" ni 'al-llata" ni*].
– sur le *yâ'* aux cas accusatif et génitif (*'alâ 'l-yâ' fî ḥâlatay 'l-naṣb wa 'l-ǧarr*): *'al-llaḏ**ay**ni, 'al-llat**ay**ni.*

26.205. L'adjoint commun est un nom qui n'a qu'une seule forme phonétique avec le singulier, le duel et le pluriel, au masculin et au féminin (*'al-mawṣûl 'l-muštarak huwa 'smun yakûn bi-lafẓ wâḥid ma'a 'l-mufrad wa 'l-muṯannâ wa 'l-ǧam'*).

26.206. Les formes phonétiques de l'adjoint commun sont trois (*'alfâẓ 'l-mawṣûl 'l-muštarak ṯalâṯa*): *man* (celui, ceux, celles qui), *mâ* (ce que), *'ayy* (n'importe quel(le)).
– *man* sera pour l'être raisonnable (*wa takûn man li-'l-'âqil*): *'ukrimu man yazûrunî.*
– *mâ* sera pour l'être non raisonnable (*wa takûn mâ li-ġayr 'l-'âqil*): *kullu mâ taštahîhi nafsuka.*
– *'ayy* sera pour l'être raisonnable et non raisonnable (*wa takûn 'ayy li-'l-'âqil wa ġayrih*): *'uḥibbu 'ayya 'l-talâmiḏati yadrusu.*

27. Le (nom) invariable: de condition, d'interrogation et de circonstance [(*'al-'ism) ġayr 'l-mutaṣarrif: 'al-šarṭ, 'al-'istifhâm, 'al-ẓarf*].

27.207. Le nom de condition est un nom qui se place au début de deux propositions pour manifester que l'occurrence de la deuxième dépend de l'occurrence de la première (*'ism 'l-šarṭ 'ism yadḫul 'alâ ǧumlatayn li-yubayyin 'anna 'l-ǧumla 'l-ṯâniya yatawaqqaf ḥuṣûluhâ 'alâ ḥuṣûl 'l-'ûlâ*): *'iḏâ darasta tanǧaḥ.*

27.208. Voici les formes phonétiques du nom de condition (*'ilayka 'alfâẓ 'ism 'l-šarṭ*): *man* (NP: uniquement au sens de «quiconque, qui que ce soit qui»), *mâ, 'ayy, mahmâ, 'ayyumâ* (NP: uniquement au sens de «quoi, quel, quelle que ce (soit) que»), *matâ, 'ayyâna* (NP: uniquement au sens de «en quelque temps que»), *'ayna, 'aynamâ, ḥayṯumâ* (NP: uniquement au sens de «où que»), *kayfamâ, 'annâ* («de quelque manière que»). Tous ces noms sont construits [NP: quand ils se terminent par /â/, ils sont construits sur le *sukûn*, ce qui signifie simplement qu'ils ne se terminent pas par /u/, /i/ /a/ désinences de cas, et qu'on a ici *'alif* final qui n'est pas régi par quelque régissant, comme c'est le cas pour le *'alif* de *'al-lladâni* p.ex.] sauf *'ayy* qui est fléchi.

27.209. Le nom d'interrogation est un nom par lequel on s'informe au sujet de quelque chose (*'ism 'l-'istifhâm huwa 'ism yusta'lam bih 'an šay'): mâ 'l-'amal? man hâdâ?*

27.210. Voici les formes phonétiques du nom d'interrogation (*'ilayka 'alfâẓ 'ism 'l-'istifhâm*): *man, man dâ, mâ, mâdâ, kam, 'ayy*. Ils sont tous construits, sauf *'ayy* qui est fléchi (*wa kulluhâ mabniyya mâ 'adâ 'ayy fa-hiya mu'raba*).

27.211. Tous les noms de condition et d'interrogation ont le droit d'antériorité dans la proposition mais ils ont une flexion virtuelle (*'inna ğamî'a 'asmâ' 'l-šarṭ wa 'l-'istifhâm lahâ ḥaqq 'l-ṣadâra fî 'l-ğumla wa likullihâhâ maḥall mina 'l-'i'râb*) [NP: ceci signifie que, par exemple, dans la proposition: *'ayya manzilin taskunu 'askunu*, le nom de condition *'ayy* a le droit de figurer en tête, il est *mutaqaddim*, il précède le verbe au lieu de le suivre (*muta'aḫḫir*) comme le font habituellement les compléments d'objet directs, et il est néanmoins fléchi normalement, en fonction de son cas dans la proposition].

27.212. Le circonstanciel est un nom qui indique un lieu ou un temps (*al-ẓarf 'ism yadull 'alâ makân 'aw zamân*): *tâğir ḥaytu 'aḫûka muqîmun.*

27.213. Le circonstanciel (se subdivise) en deux catégories du point de vue de sa flexion (*al-ẓarf min ḥaytu 'i'râbuh naw'ân*):
– construit (*mabnîy*): *ḥayt**u**, tamm**a**, 'ams**i***. [NP: construits respectivement sur la *ḍamma*, la *fatḥa*, la *kasra*].
– fléchi (*mu'rab*: *qablu, qabla, qabli; ba'du, ba'da, ba'di*. [NP: on voit donc qu'est nom tout non-verbe qui peut être fléchi, (même sans posséder de forme indéterminée) ou construit sur une voyelle de désinence ou un *sukûn*. Tout ce qui n'appartient pas au verbe ou au non-verbe est particule: *ḥarf*]

27.214. Voici les formes phonétiques du circonstanciel construit (*'ilayka 'alfâẓ 'l-ẓarf 'l-mabnîy*):

– circonstanciels de lieu (*ẓurûf 'l-makân*): *ḥayṯu, ladun, ladâ, 'ayna, hunâ, ṯamma.* [NP: on y trouve donc des adverbes, des prépositions et un pronom interrogatif dans la terminologie française].
– circonstanciels de temps (*ẓurûf 'l-zamân*): *'iḏ, 'amsi, muḏ, munḏu, qaṭṭu, lammâ, 'ayyâna, matâ, al-'âna.* [NP: on y trouve donc des conjonctions de subordination, des adverbes, des pronoms interrogatifs et des prépositions dans la terminilogie française].
– circonstanciels de lieu et de temps (*ẓurûf makân wa zamân*): *'annâ.* [NP: pronom interrogatif dans la termonologie française].

RÉSUMÉ: les valeurs de quelques noms (*ma'ânî ba'ḍ 'l-'asmâ'*):
man, mâ: adjoint, conditionnel, interrogatif (*mawṣûl, šarṭ, 'istifhâm*) [NP: p.ex. *mâ* peut signifier «que, quel que soit, qu'est-ce que» selon le contexte et le type de construction de la phrase].
'ayyâna: conditionnel, interrogatif, circonstanciel de temps (*šarṭ, 'istifhâm, ẓarf zamân*).
matâ: conditionnel, interrogatif, circonstanciel de temps (*šarṭ, 'istifhâm, ẓarf zamân*).
'in: conditionnel, interrogatif, circonstanciel de lieu (*šarṭ, 'istifhâm, ẓarf makân*).
'annâ: conditionnel, circonstanciel de lieu et de temps (*šarṭ, ẓarf makân wa zamân*).
'ayy: conditionnel, interrogatif (*šarṭ, 'istifhâm*).

28. Le numéral primitif (ou cardinal) (*al-'adad 'l-'aṣlîy)*

28.215. Le numéral est de deux sortes: cardinal et ordinal (*'al-'adad qismân: 'aṣlîy wa tartîbîy*).

28.216. Le numéral cardinal est un nom qui désigne la quantité des choses dénombrées (*'al-'adad 'l-'aṣlîy huwa 'ism yadull 'alâ kammiyyat 'l-'ašyâ' 'l-ma'dûda*): *'arba'atu 'awlâdin.*

28.217. Les formes phonétiques de base du numéral cardinal sont 12 (*'alfâẓ 'l-'adad 'l-'aṣlîy 'l-'asâsiyya 'iṯnatâ 'ašrata wa hiya*): *wâḥid, 'iṯnâni, ṯalâṯa, 'arba'a, ḫamsa, sitta, sab'a, ṯamâniya, tis'a, 'ašra, mi'a, 'alf.*

28.218. Les sortes de numéral cardinal sont quatre (*'anwâ' 'l-'adad 'l-'aṣlîy 'arba'a)*:
– simple (*mufrad*): de 1 à 10 et pareillement pour 100 et 1000 (*mina 'l-wâḥid 'ilâ 'l-'ašara wa yatba'uhâ mi'a wa 'alf*).

– composé (*murakkab*): de 11 à 19 (*min 'aḥada ʿašara 'ilâ tisʿata ʿašara*):
– dizaines (*ʿuqûd*, plur. de *ʿiqd)*: de 20 à 90.
– coordonné (*maʿṭûf*): de 21 à 99.

28.219. Voici la règle du numéral simple (*'ilayka ḥukm 'l-ʿadad 'l-mufrad*):
1 et 2 (*wâḥid wa 'iṯnân)* sont mis au masculin avec un masculin et sont mis au féminin avec un féminin (*yuḏkarân maʿa 'l-muḏakkar wa yu'annaṯân maʿa 'l-mu'annaṯ*): *rağulun wâḥidun, 'imra'atun wâḥidatun; rağulâni 'iṯnâni, 'imra'atâni 'iṯnatâni.*

De 3 à 10: le nom de nombre est mis au masculin avec le (nom de l'objet compté) féminin et est mis au féminin avec le (nom de l'objet compté) masculin (*'ism 'l-ʿadad yuḏkar maʿa 'l-mu'annaṯ wa yu'annaṯ maʿa 'l-muḏakkar)*: on dit avec le (NP: nom de l'objet compté) masculin (*fa-taqûl maʿa 'l-muḏakkar*): *ṯalâṯatu 'awlâdin, 'arbaʿatu kutubin, ḫamsatu 'aqlâmin, sittatu riğâlin.* On dit avec (NP: le nom de l'objet compté) féminin (*fa-taqûl maʿa 'l-mu'annaṯ*): *ṯalâṯu wâlidâtin, 'arbaʿu waraqâtin, ḫamsu riyašin, sittu nisâ'in.*

100 et 1000 (*mi'a wa 'alf*): ils ont une seule forme phonétique avec le (nom de l'objet compté) masculin et féminin (*takûnân bi-lafẓ wâḥid maʿa 'l-muḏakkar wa 'l-mu'annaṯ*): *mi'atu ṣabiyyin, 'alfu ṣabiyyin, 'alfu fatâtin.*

28.220. Voici la règle du numéral composé (*'ilayka ḥukm 'l-murakkab*): la première partie suit la règle du numéral simple (NP: voir 1 et 2; 3 à 10); la deuxième partie s'accorde avec le (nom) compté au masculin et au féminin (*'al-ğuz' 'l-'awwal yatbaʿ qâʿidat 'l-mufrad, wa 'l-ğuz' 'l-ṯânî yuṭâbiq 'l-maʿdûd fî 'l-taḏkîr wa 'l-ta'nîṯ)* [NP: Attention: pour 11 et 12, la **première et la deuxième** parties s'accordent avec le compté]. On dit avec (le nom de l'objet compté) masculin (*fa-taqûl maʿa 'l-muḏakkar)*: *'aḥada ʿašara ʿadadan, 'iṯnâ ʿašara bâban, ṯalâṯata ʿašara faṣlan, 'arbaʿata ʿašara rağîfan.* On dit avec le nom (de l'objet compté) féminin (*fa-taqûl maʿa 'l-mu'annaṯ)*: *'iḥdâ ʿašrata qaḍiyyatan, 'iṯnatâ ʿašrata safînatan, ṯalâṯa ʿašrata katîbatan, 'arbaʿa ʿašrata nâqatan.*

28.221. Voici la règle des dizaines [= 20, 30, 40 etc.] (*'ilayka ḥukm 'l-ʿuqûd)*: les dizaines gardent une seule forme phonétique avec le masculin et le féminin (*tabqâ 'l-ʿuqûd bi-lafẓ wâḥid maʿa 'l-muḏakkar wa 'l-mu'annaṯ*): *ʿišrûna rağulan wa 'mra'atan.*

28.222. Voici la règle du conjoint [NP = chiffre d'unité coordonné au chiffre de dizaine dans la série: 21, 22, 23 etc.] (*'ilayka ḥukm 'l-maʿṭûf*): la première partie suit la règle du numéral simple (*'al-ǧuz' 'l-'awwal yatbaʿ qâʿidat 'l-mufrad*) [NP: on rappelle que le traitement est différent pour 1 et 2, où il y a accord en genre, et 3 à 10, où il y a accord en genre contraire] et la deuxième partie garde une seule forme phonétique avec le masculin et le féminin (*wa 'l-ǧuz' 'l-ṯânî yabqâ bi-lafẓ wâḥid maʿa 'l-muḏakkar wa 'l-mu'annaṯ*): on dit avec le (compté) masculin (*fa-taqûl maʿa 'l-muḏakkar*): *wâḥidun wa ʿišrûna raǧulan, 'iṯnâni wa ʿišrûna raǧulan, ṯalâṯatun wa ʿišrûna raǧulan.* On dit avec (le compté) féminin (*fa-taqûl maʿa 'l-mu'annaṯ*): *wâḥidatun wa ʿišrûna 'mra'atan, 'iṯnatâni wa ʿišrûna 'mra'atan, ṯalâṯun wa ʿišrûna 'mra'atan.*

28.223. Voici la règle du nom de nombre du point de vue de la flexion (*'ilayka qâʿidat 'ism 'l-ʿadad min ḥayṯu 'l-'iʿrâb*):
– *'iṯnâni wa 'iṯnatâni*: il suivent la règle du duel (*yatbaʿân qâʿidat 'l-muṯannâ*): *'iṯnâni wa 'iṯnatâni, 'iṯnayni wa 'iṯnatayni.*
– les dizaines (*'al-ʿuqûd*): elles suivent la règle du pluriel masculin sain (*tatbaʿ qâʿidat ǧamʿ 'l-muḏakkar 'l-sâlim*): *ʿišrûna, ʿišrîna.*
– le composé (*'al-murakkab*) (de 11 à 19): les deux parties sont construites sur la voyelle /a/ de façon absolue (*yubnâ 'l-ǧuz'ân ʿalâ 'l-fatḥ muṭlaqan*): *ǧalasa 'aḥada ʿašara raǧulan ʿalâ 'aḥada ʿašara kursiyyan.*
– les autres nombres (*'al-'aʿdâd 'l-bâqiya*): il suivent la règle de l'ensemble des noms (*tatbaʿ qâʿidat sâ'ir 'l-'asmâ'*): *ǧâ'a riǧâlun ṯalâṯatun, ḥâmilîna 'arbaʿata kutubin.*

28.224. Voici la règle du nom compté du point de vue de la flexion (*'ilayka qâʿidat 'l-'ism 'l-maʿdûd min ḥayṯu 'l-'iʿrâb*):
– si le nom de nombre est 1 à 10: le nom du compté est pluriel génitif, et on dit (*'iḏâ kâna 'l-ʿadad: wâḥid 'ilâ ʿašara, yakûn 'l-maʿdûd maǧmûʿan maǧrûran, fa-taqûl: ǧâ'a ṯalâṯatu 'awlâdin*).
– si le nom de nombre est 100 et 1000: le nom du compté est singulier génitif et on dit (*'iḏâ kâna 'l-ʿadad mi'a wa 'alf, yakûn 'l-maʿdûd mufradan maǧrûran, fa-taqûl: ǧâ'a mi'atu waladin*).
– si le nom de nombre est de 11 à 99: le nom du compté est singulier accusatif et on dira (*'iḏâ kâna 'l-ʿadad 'aḥada ʿašara 'ilâ tisʿa wa tisʿîna, yakûn 'l-maʿdûd mufradan manṣûban, fa-taqûl: ǧâ'a 'arbaʿata ʿašara waladan*).

29. Le numéral ordinal (*al-ʿadad 'l-tartîbîy)*

29.225. Le numéral ordinal est le nom qui indique le rang des choses (*'al-ʿadad 'l-tartîbîy huwa 'sm yadull ʿalâ martabat 'l-ʾašyâʾ): al-walad 'l-râbiʿ.*

29.226. Les formes phonétiques du numéral ordinal sont 12 (*ʾalfâẓ 'l-ʿadad 'l-tartîbîy 'iṯnatâ ʿašrata wa hiya)*:
ʾawwal, ṯânin, ṯâliṯ, râbiʿ, ḫâmis, sâdis, sâbiʿ, ṯâmin, tâsiʿ, ʿâšir, miʾa, ʾalf.

29.227. Le numéral ordinal (se divise) en 4 parties (*'al-ʿadad 'l-tartîbîy ʾarbaʿat ʾaqsâm)*:
– simple: de premier à dixième (*mufrad: min ʾawwal ʾilâ ʿâšir*);
– composé: de onzième à dix-neuvième (*murakkab: min ḥâdiya ʿašara ʾilâ tâsiʿa ʿašara*);
– les dizaines: de vingtième à quatre-vingt-dixième et ainsi de suite avec les centaines et les milliers (*ʿuqûd: min ʿišrîna ʾilâ tisʿîna wa tatbaʿuhâ 'l-miʾa wa 'l-ʾalf)*;
– adjoint (ou coordonné): de vingt-et-unième à quatre-vingt-dix-neuvième (*maʿṭûf: min ḥâdin wa ʿišrîna ʾilâ tâsiʿ wa tisʿîna*).

29.228. Le numéral ordinal s'accorde en genre (lit. au masculin et au féminin) avec le compté (*'al-ʿadad 'l-tartîbîy yuṭâbiq 'l-maʿdûd fî 'l-taḏkîr wa 'l-taʾnîṯ)*: *'al-rağulu 'l-râbiʿu, 'al-fatâtu 'l-râbiʿatu; 'al-tilmîḏu 'l-ḥâdiyaʿašara,'al-tilmîḏatu 'l-ḥâdiyata ʿašrata*, à l'exception des dizaines et de ce qui les suit. En effet elles gardent leur forme phonétique (*mâ ʿadâ 'l-ʿuqûd wa mâ yatbaʿuhâ fa ʾinnahâ tabqâ ʿalâ lafẓihâ)*: *'al-kâtibu 'l-ʿišrûna, 'al-kâtibatu 'l-ʿišrûna.*

29.229. Le numéral ordinal est entièrement fléchi (*al-ʿadad 'l-tartîbîy kulluh muʿrab*): *raʾaytu 'l-fatâta 'l-ḫâmisat***a** *wa 'l-ṯalâṯîna, ğâʾati 'l-fatâtu 'l-ḫâmisat***u** *wa 'l-ṯalâṯûna*, mais le composé est construit sur le /a/ de ses deux éléments de façon absolue (*ġayra ʾanna 'l-murakkab mabnîy ʿalâ fatḥ ğuzʾayh muṭlaqan)*: *ğâʾati 'l-fatâtu 'l-ḫâmisat***a** *ʿašrat***a***; marartu bi-'l-fatâti 'l-ḫâmisat***a** *ʿašrat***a.**

30. Flexion des noms (*ʾiʿrâb 'l-ʾasmâʾ*)

30.230. La flexion est la variation qui touche la finale des noms et des verbes à cause de la variation des **régissants** (*'al-ʾiʿrâb huwa 'l-taġyîr 'l-*

*lâḥiq 'âḫir 'l-'asmâ' wa 'l-'afʿâl bi-sabab taġyîr 'l-*ʿ**awâmil**): *qadima 'l-ġâ'ibu, ra'aytu 'l-ġâ'iba, sallamtu ʿalâ 'l-ġâ'ibi* [NP: On distingue des régissants formels (*lafẓiyya)*, qui agissent de façon externe sur la flexion du mot qui suit, tels que p.ex. «*lam*» qui agit sur *yanǧaḥ*, et des régissants sémantiques (*maʿnawiyya)*, qui agissent de façon interne sur la flexion du mot qui suit (p.ex. dans *yadrusu*, car le fait que le verbe ne soit pas précédé d'une particule de l'apocopé ou du subjonctif en fait nécessairement un indicatif). Dans *qadima 'l-ġâ'ibu*, le régissant de *ġâ'ibu* est constitué par l'aptitude de ce mot à être agent (*'al-fâʿiliyya*), du fait qu'il est connecté (*'usnida 'ilâ; 'isnâd)* à un verbe (intransitif) qui précède: il y a donc là un régissant interne; dans *ra'aytu 'l-ġâ'iba*, on a un verbe (transitif) avec son pronom sujet suffixé suivi d'un nom qui ne peut être qu'un complément de ce **verbe**, on a donc ici un régissant formel ou explicite qui est le verbe lui-même; dans *sallamtu ʿalâ 'l-ġâ'ibi*, le régissant explicite est la **particule** *ʿalâ* nécessairement suivie du génitif].

30.231. Les catégories de la flexion des noms sont trois: nominatif, accusatif, génitif (*'anwâʿ 'iʿrâb 'l-'asmâ' ṯalâṯa: rafʿ wa naṣb wa ǧarr*).

30.232. Les marques de la flexion dans les noms (*ʿalâmât 'iʿrâb 'l-'asmâ' ṯalâṯa rafʿ wa naṣb wa ǧarr)*:
-le /u/, c'est la marque du nominatif (*'al-ḍamma wa hiya ʿalâmat 'l-rafʿ)*;
– le /a/, c'est la marque de l'accusatif (*'al-fatḥa wa hiya ʿalâmat 'l-naṣb)*;
– le /i/, c'est la marque du génitif (*'al-kasra wa hiya ʿalâmat 'l-ǧarr).*

30.233. Font exception à cette règle: le duel, le pluriel masculin intègre, le pluriel féminin intègre, les cinq noms, l'interdit de flexion (ou «diptote») (*yašuḏḏ ʿan haḏihi 'l-qâʿida: 'al-muṯannâ, ǧamʿ 'l-muḏakkar 'l-sâlim, ǧamʿ 'l-mu'annaṯ 'l-sâlim, 'al-asmâ' 'l-ḫamsa, 'al-mamnûʿ min 'l-ṣarf).*

30.234. La marque du nominatif dans les noms qui font exception à cette règle fondamentale est (*ʿalâmat 'l-rafʿ fî 'l-'asmâ' 'l-šâḏḏa ʿan 'l-qâʿida 'l-'aṣliyya hiya)*:
– au duel: *'alif* (*fî 'l-muṯannâ: 'alif*): *'al-kitâb***â***ni mufîdâni.*
– au pluriel masculin intègre: *wâw* (*fî ǧamʿ 'l-muḏakkar 'l-sâlim: wâw)*: *ǧâ'a 'l-muḥâm***û***na* (*al-muḥâmu***w***na*).
– aux cinq noms (*fî 'l-'asmâ' 'l-ḫamsa: wâw*): *'ab***û***ka* [*abu***w***ka*] *ʿâlim.*

30.235. La marque de l'accusatif dans ces noms est (*ʿalâmat 'l-naṣb fî hadihi 'l-ʾasmâʾ hiya)*:
– au duel (*fî 'l-mutannâ)*: *yâʾ* que précède /a/ (*yâʾ qablahâ fatḥa)*: *ʾištaraytu kitâb**ayn**i.*
– au pluriel masculin intègre (*fî ğamʿ 'l-mudakkar 'l-sâlim*): *yâʾ*: *raʾaytu 'l-muḥâm**î**na.* [*al-muḥâm**iy**na*].
– dans les 5 noms: *ʾalif* (*fî 'l-ʾasmâʾ 'l-ḫamsa: ʾalif*): *karramtu ʾab**â**ka.*
– dans le pluriel féminin intègre; /i/ (*fî ğamʿ 'l-muʾannat 'l-sâlim: yâʾ)*: *'ištaraytu sâʿât**in** ğamîlatan.*

30.236. La marque du génitif dans ces noms est (*ʿalâmat 'l-ğarr fî hadihi 'l-ʾasmâʾ hiya)*:
– au duel: *yâʾ* que précède /a/ (*fî 'l-mutannâ*: *yâʾ qablahâ fatḥa*): *baḥattu fî kitâb**ay**ni.*
– au pluriel masculin sain: *yâʾ* (*fî ğamʿ 'l-mudakkar 'l-sâlim: yâʾ)*: *ʾittafaqtu maʿa 'l-muḥâm**î**na.* [*'l-muḥâm**iy**na*]
– dans les 5 noms: *yâʾ* (*fî 'l-ʾasmâʾ 'l-ḫamsa: yâʾ*): *sallamtu ʿalâ ʾab**î**ka.* [*ʾab**iy**ka*].
– dans l'interdit de flexion: /a/ (*fî 'l-mamnûʿ mina 'l-ṣarf: 'al-fatḥ)*: *dahabtu ʾilâ Bayrût**a**.*

31. La flexion des verbes (*ʾiʿrâb 'l-ʾafʿâl*) [NP: on rappelle que les grammairiens arabes n'envisagent pas de système de conjugaison indépendant de la flexion. Cette dernière s'applique de la même manière aux noms et aux verbes, c'est-à-dire à tout ce qui n'est pas particule].

31.237. Le fléchi parmi les verbes est seulement l'inaccompli, sauf quand lui est attaché le *nûn* de l'énergique et le *nûn* du féminin: il sera alors construit (*al-muʿrab min 'l-ʾafʿâl huwa 'l-muḍâriʿ faqaṭ ʾillâ ʾidâ 'ttaṣalat bih nûn 'l-tawkîd wa wa nûn 'l-ʾinât fa yakûn mabniyyan).*

31.238. Les catégories de la flexion du verbe sont trois: nominatif (=«indicatif»), accusatif (=«subjonctif»), coupure (= «apocopé») (*'anwâʿ ʾiʿrâb 'l-fiʿl talâta: rafʿ wa naṣb wa ğazm).*

31.239. Les marques de la flexion dans les verbes sont (*ʿalâmât 'l-ʾiʿrâb fî 'l-ʾafʿâl)*:
– le /u/: c'est la marque du nominatif (*'al-ḍamma wa hiya ʿalâmat 'l-rafʿ)*;
– le /a/: c'est la marque de l'accusatif (*'al-fatḥa wa hiya ʿalâmat 'l-naṣb)*;

– le *sukûn*, c'est la marque de la coupure (*'al-sukûn wa huwa ʿalâmat 'l-ğazm*).

31.240. Font exception à cette règle (*šadda ʿan hadihi 'l-qâʿida*):
– Les 5 verbes au nominatif, à l'accusatif et à l'apocopé (*'al-'afʿâl 'l-ḫamsa fî 'l-rafʿ wa 'l-naṣb wa 'l-ğazm*);
– Le verbe dont la dernière consonne est faible à l'apocopé. (*'al-fiʿl 'l-muʿtall 'l-'âḫir fî 'l-ğazm*).

31.241. Les 5 verbes sont chaque inaccompli (dans lequel) sont contigus (*'al-'afʿâl 'l-ḫamsa hiya kull muḍâriʿ 'ittaṣalat bih*):
– l'alif du duel (*'alif 'iṯnayn)*: *yaḍribâni, taḍribâni.*
– le *wâw* du pluriel (*wâw 'l-ğamâʿa)*: *yaḍribûna, taḍribûna.*
– le *yâ'* de la 2ème pers. féminine (*yâ' 'l-muḫâṭaba*): *taḍribîna.*

31.242. La marque du nominatif dans les cinq verbes est le maintien du *nûn* à leur finale. (*ʿalâmat 'l-rafʿ fî 'l-'afʿâl 'l-ḫamsa hiya ṯubût 'l-nûn fî 'âḫirihâ*): p. ex. *yaḍribâni*: verbe inaccompli nominatif par le maintien du *nûn* à sa finale car il fait partie des 5 verbes (*fiʿl muḍâriʿ marfûʿ bi-ṯubût 'l-nûn li-'annah min al-'afʿâl 'l-ḫamsa*).

31.243. La marque de l'accusatif dans les 5 verbes est le retranchement du *nûn* de sa finale (*ʿalâmat 'l-naṣb fî 'l-'afʿâl 'l-ḫamsa hiya ḥadf 'l-nûn min 'âḫirihâ).* P. ex. *lan taḍribî:* verbe inaccompli accusatif avec *lan* et la marque de son accusatif est le retranchement du *nûn* car il fait partie des 5 verbes (*fiʿl muḍâriʿ manṣûb bi-lan wa ʿalâmat naṣbihi ḥadf 'l-nûn li-'annah min 'al-'afʿâl 'l-ḫamsa*).

31.244. La marque de l'apocopé dans les 5 verbes est le retranchement du *nûn* à sa finale (*ʿalâmat 'l-ğazm fî 'l-'afʿâl 'l-ḫamsa hiya ḥadf 'l-nûn fî 'âḫirihâ).* P.ex.: *lam taḍribû*: verbe inaccompli apocopé avec *lam* et la marque de son apocope est le retranchement du *nûn* car il fait partie des 5 verbes (*fiʿl muḍâriʿ mağzûm bi-lam wa ʿalâmat ğazmihi ḥadf 'l-nûn li-'annah min 'l-'afʿâl 'l-ḫamsa*).

31.245. La marque de l'apocopé dans le verbe à finale débile est le retranchement de la lettre débile de sa finale (*ʿalâmat 'l-ğazm fî 'l-fiʿl 'l-muʿtall 'l-'âḫir hiya ḥadf ḥarf 'l-ʿilla min 'âḫirih*), sauf quand il est un des 5 verbes, alors son *nûn* est retranché, comme (vu) précédemment (*'illâ 'idâ kâna min 'l-'afʿâl 'l-ḫamsa fa tuḥdaf nûnuh, kamâ sabaqa).* P.

ex. *lam yarmi*: *fi'l muḍâri' mağzûm bi lam wa 'alâmat ğazmihi ḥaḏf ḥarf 'l-'illa min 'âḫirih li-'annah mu'tall 'l-'âḫir)*. [NP: On aperçoit bien ici combien l'*'i'râb* ou flexion domine le système, par-delà la distinction entre verbe et nom, celle-ci n'étant en réalité qu'une distinction accessoire par rapport à la flexion: la marque de la flexion peut être exprimée positivement ou négativement, selon les «personnes» du verbe. Dans les 5 verbes au nominatif, il y a marque positive; dans les 5 verbes à l'accusatif et à l'apocopé, ainsi que dans les verbes à lettre finale débile, il y a marque négative ou «retranchement». On observera cependant que la marque caractérisée négativement (retranchement) n'apparaît que dans les verbes et non dans les noms. Mais ici l'élément commun aux noms et aux verbes est le fait que la flexion ou modification de la finale est toujours fonction d'un régissant: le nom à l'accusatif est régi par le verbe (transitif); le verbe à l'accusatif est régi par la particule de l'accusatif, p.ex. *'an* ou *lan*. Autrement dit, la rection qui entraîne l'*'i'râb* produit des **ressemblances** entre les noms et les verbes, de même que l'invariabilité ou *binâ'*, ainsi qu'on va le voir].

31. L'invariabilité des noms et des verbes (*binâ' 'l-'asmâ' wa-'l-'af'âl*).

31.246. L'invariabilité est le fait que la finale du mot a obligatoirement un seul état, même si les régissants sont occultés [NP: ceci signifie: «nonobstant l'action (occulte) d'un régissant»; d'autres grammaires disent: «sans (subir l'effet) d'un régissant», *li-ġayr 'l-'âmil*] (*'al-binâ' huwa 'an yulâzim 'âḫir 'l-kalima ḥâla wâḥida, wa 'ini ḫtafat 'l-'awâmil*): *'ayna 'l-kitâbu?* [NP: *'ayna* est en situation de nominatif, il est *ḫabar* d'une proposition nominale («le livre [est] où»?) et pourtant il n'a pas la finale du nominatif /u/ car *'ayna* est un nom interrogatif construit invariablement sur /a/]; *'ayna ḏahabta*? *'ayna* est en situation d'accusatif comme complément d'objet direct, *maf'ûl bih*, de *ḏahabta*, et pourtant, il n'a pas la finale de l'accusatif /a/ [NP:il n'a que la marque de l'invariabilité, qui coïncide par hasard dans ce cas-ci avec la voyelle finale d'un accusatif, pour la raison exposée ci-dessus]. *min 'ayna ği'ta*? [NP: *'ayna* est en situation de génitif, et pourtant, il n'a pas la finale du génitif /i/, pour la même raison].

31.247. Ce qui est invariable parmi les noms est (*'al-mabnîy mina 'l-'asmâ' huwa*): les pronoms personnels, les démonstratifs, les relatifs, les noms de condition et d'interrogation, les circonstanciels (*'al-ḍamâ'ir, 'al-'išârât, 'al-mawṣûlât, 'asmâ' 'l-šarṭ wa 'l-'istifhâm, 'al-ẓurûf*).

31.248. Les noms sont construits invariablement sur (*tubnâ 'l-'asmâ' ʿalâ*):
– le sukûn (*'al-sukûn*) (*man*);
– la voyelle /u/ (*'al-ḍamm*) (*ḥayṯu*);
– la voyelle /a/ (*'al-fatḥ*) (*'ayna*);
– la voyelle /i/ (*'al-kasr*) (*'amsi*).

31.249. Ce qui est construit parmi les verbes est (*'al-mabnîy min 'l-'afʿâl huwa*): l'accompli, l'impératif et l'inaccompli quand lui est adjoint le *nûn* de corroboration et le *nûn* du féminin (*'al-mâḍîy wa 'l-'amr, wa 'l-muḍâriʿ 'iḏâ 'ttaṣalat bih nûn 'l-tawkîd wa nûn 'l-'inâṯ*).

31. 250. Le verbe accompli est construit sur (*yubnâ 'l-fiʿl 'l-mâḍî*):
– sur le /a/ (*ʿalâ 'l-fatḥ*): *šariba, šaribâ* (**šariba"*) [NP: 1) à bien distinguer de, p.ex., *lan yašrabâ* qui est accusatif parmi les 5 verbes et dont le signe de l'accusatif est le retranchement du *nûn* après la particule *lan*; 2) on peut se demander pourquoi le /â/ de *šaribâ* est «construit sur le *fatḥ*» alors que le /â/ de *ḥayṯumâ* p.ex. est «construit sur le *sukûn*»: le /â/ de *šaribâ* est une voyelle brève de cas /a/ allongée].
– sur le /u/ (*ʿalâ 'l-ḍamm*) s'il est conjoint au *wâw* du pluriel: *šaribû*. (donc, *šaribû* = **šaribuw*).
– sur le *sukûn* s'il est conjoint à un pronom du nominatif vocalisé comme le /-n/, le /-nâ/ ou le /-t/ (*ʿalâ 'l-sukûn 'iḏâ 'ttaṣala bi-ḍamîr rafʿ mutaḥarrik ka /'l-nûn/ 'aw /-nâ/ 'aw /'l-tâ'/*): *šaribtum, šaribnâ, šaribna*.

31.251. Le verbe à l'impératif est construit (*yubnâ 'l-fiʿl 'l-'amr*):
– sur le sukûn (*ʿalâ 'l-sukûn*): *'išrab, 'išrabna*.
– sur la suppression du *nûn* s'il est adjoint au *wâw* du pluriel ou au *'alif* du duel ou au *yâ'* de la 2ème pers. du sg. (*ʿalâ ḥaḏf 'l-nûn 'iḏâ 'ttaṣala bi-wâw 'l-ǧamʿ 'aw 'alif 'iṯnayn 'aw yâ' 'l-muḫâṭaba*): *'išrabâ, 'išrabû, 'išrabî*. [NP: ceci suppose implicitement que l'impératif est en relation avec, sinon est basé sur l'inaccompli indicatif qui a: *yašrabâni, yašrabûna, tašrabîna*, ainsi qu'il a été expliqué plus haut].
– sur la suppression de la lettre de débilité si elle est débile de sa finale (*ʿalâ ḥaḏf ḥarf 'l-ʿilla 'iḏâ kâna muʿtall 'l-'âḫir*): *'irmi*.

31.252. Le verbe inaccompli est construit (*al-fiʿl 'l-muḍâriʿ yubnâ*):
– sur le *sukûn* s'il est adjoint au nûn du féminin (*ʿalâ 'l-sukûn 'iḏâ 'ttaṣala bi-nûn 'l-'inâṯ*): *yaḍribna*.
– sur le /a/ s'il est adjoint au nûn de corroboration (*ʿalâ 'l-fatḥ 'iḏâ 'ttaṣala bi-nûn 'l-tawkîd*): *yaḍribanna*.

31.253. Il y a un autre *nûn* qui est appelé «*nûn* de protection» car il protège la finale du verbe du /i/ et il met une séparation entre le verbe et le /y/ de la 1ère pers. sg. (*tûǧad nûn 'uḫrâ tusammâ «nûn 'l-wiqâya» li-'annahâ taqî 'âḫir 'l-fiʿl min 'l-kasr wa hiya tafṣîl bayna 'l-fiʿl wa 'l-yâ' 'l-mutakallim*): *ḍarabanî, yaḍribunî, 'iḍribnî*. [NP: évite l'hiatus de type: *ḍaraba-iy*].

31.254. Le *nûn* de protection est adjoint à d'autres particules aussi (*qad tattaṣil nûn 'l-wiqâya bi-baʿḍ l-ḥurûf 'ayḍan*): *min-**nî**, ʿan-**nî**, 'inna-**nî**, lakinna-**nî**, layta-**nî**, laʿalla-**nî***.

32. La virtualité des voyelles (*taqdîr 'l-ḥarakât*).

32.255. Sur certains mots n'apparaissent pas toutes les voyelles, mais elles sont virtuelles (*'inna baʿḍ 'l-'alfâẓ lâ taẓhar ʿalayhâ kull 'l-ḥarakât bal takûn muqaddara).*

32.256. Les voyelles sont virtuelles (*takûn 'l-ḥarakât muqaddara*):
– sur les noms et les verbes terminés par *'alif* (*ʿalâ 'l-'asmâ' wa 'l-'afʿâl 'l-maḫtûma bi-'alif*);
– sur les noms et les verbes terminés par *yâ'* précédé de /i/ (*ʿalâ 'l-'asmâ' wa 'l-'afʿâl 'l-maḫtûma bi yâ' qablahâ kasra)*;
– sur les verbes terminés par *wâw* précédé de /u/ (*ʿalâ 'l-'afʿâl 'l-maḫtûma bi-wâw qablahâ ḍamma*);
– sur les noms annexés par le *yâ'* (possessif) de la 1ère pers. sing. (*ʿalâ 'l-'asmâ' 'l-muḍâfa 'ilâ yâ' 'l-mutakallim*).

32.257. Le /u/, le /a/ et le /i/ sont virtuels sur les noms et les verbes terminés par *'alif*, cela du fait qu'il leur est difficile d'apparaître (sur cette lettre) (*'inna 'l-ḍamma wa 'l-fatḥa wa 'l-kasra tuqaddar ʿalâ 'l-'asmâ' wa 'l-'afʿâl 'l-maḫtûma bi-'alif li-taʿaḏḏur ẓuhûrihâ*): p.ex. dans (*naḥwa*): *waʿâ 'l-fatâ 'l-maʿnâ mina 'l-mabnâ*:
– *waʿâ:* verbe accompli construit invariablement sur un /a/ virtuel sur le *'alif* à cause de l'impossibilité (*fiʿl mâḍin mabnîy ʿalâ fatḥa muqaddara ʿalâ 'l-'alif li-'l-taʿaḏḏur).* [NP: ce /a/ virtuel construit invariablement sur le *'alif* signifie, en termes de linguistique sémitique moderne, que le schème virtuel ou schème de base ou structure sous-jacente (opposée à structure de surface) de *waʿâ* est /*waʿaya* /, c'est-à-dire que le groupe /*aya*/ se contracte régulièrement en /*â* / dans les langues sémitiques. Il va de soi que ce point de vue diachronique n'est pas envisagé par les gram-

mairiens arabes du moyen-âge, car la linguistique historique et comparative ne date que du 19ème siècle. Cependant, on aperçoit bien que derrière la recherche de mécanismes linguistiques opérée avec leurs moyens, c'est-à-dire en ne tenant compte que du seul point de vue synchronique, ces grammairiens aboutissent en fait à restituer la diachronie].
– *al-fatâ*: agent nominatif avec un /u/ virtuel sur le *'alif* à cause de l'impossibilité (*fâ'il marfû' bi-ḍamma muqaddara 'alâ 'l-'alif li-'l-ta'aḏḏur*) [NP: impossibilité de *fata" u, fata" a, fata" i*].
– *al-ma'nâ*: complément d'objet accusatif avec une *fatḥa* virtuelle sur le *'alif* à cause de l'impossibilité (*maf'ûl bih manṣûb bi-fatḥa muqaddara 'alâ 'l-'alif li-'l-ta'aḏḏur*).
– *al-mabnâ*: génitif avec *min* et la marque de son génitif est un /i/ virtuel sur le *'alif* à cause de la difficulté (*maǧrûr bi-min wa 'alâma ǧarrih kasra muqaddara 'alâ 'l-'alif li-'l-ta'aḏḏur*).

32.258. Le /u/ et le /i/ sont virtuels sur les noms et les verbes terminés par *yâ'* précédés de /i/, cela du fait qu'ils sont trouvés lourds; mais quant au /a/, il est apparent [NP: ce qui signifie qu'il est trouvé léger] (*'inna 'l-ḍamma wa 'l-kasra tuqaddarâni 'alâ 'l-'asmâ' wa 'l-'af'âl 'l-maḫtûma bi-yâ' qablahâ kasra wa ḏalika li-'l-'istiṯqâl, 'ammâ 'l-fatḥa fa taẓhar*) p. ex. (*naḥwa*): *yattaqî 'l-qâḍî 'l-malâhiya fa-yaḏhab 'ilâ 'l-nâdî.*
– *yattaqî*: verbe inaccompli nominatif avec un /u/ virtuel sur le *yâ'* parce qu'il serait trouvé lourd (*fi'l muḍâri' marfû' bi-ḍamma muqaddara 'alâ 'l-yâ' li-'l-'istiṯqâl)* [NP: voir la remarque ci-dessus, sauf qu'on a ici une structure sous-jacente en *yattaq**iyu***, le groupe ***iyu*** étant contracté en ***î***].
– *al-qâḍî*: agent nominatif avec un /u/ virtuel sur le *yâ'* parce qu'il serait trouvé lourd [NP: *al-qâḍ**iyu*** > *al-qâḍ**î***] (*fâ'il marfû' bi-ḍamma muqaddara 'alâ 'l-yâ' li-'l-'istiṯqâl*).
– *al-malâh**iya***: complément d'objet accusatif avec le /a/ de sa désinence (*maf'ûl bih manṣûb bi-fatḥ 'âḫirih)* [NP: le groupe ***iya*** est stable et n'entraîne pas de contraction, selon les grammairiens arabes, parce que le /a/ est trouvé léger. D'après le sémitique comparé, nous savons que *malâhiya* vient du proto-sémitique **malâhiwa*, *baqiya* < **baqiwa* etc. Les groupes /*iya*/ et /*uwa* / sont stables en arabe classique, mais on sait que certains dialectes arabes anciens, comme celui des Ṭayy p.ex., contractaient ces groupes en voyelles longues, voir *GvG*, I, p. 619].
– *al-nâḍî*: génitif avec *'ilâ* et la marque de son génitif est un /i/ virtuel sur le *yâ'* parce qu'il serait trouvé lourd (*maǧrûr bi-'ilâ wa 'alâma ǧarrih kasra muqaddara 'alâ 'l-yâ' li-'l-'istiṯqâl*) [NP: le groupe ***iyi*** se contracte en ***î***].

32.259. Le /u/ est virtuel sur les verbes terminés par *wâw* précédé de /u/, et cela du fait qu'il serait trouvé lourd, quant à /a/ il est apparent (*'inna 'l-ḍamma tuqaddar ʿalâ 'l-'afʿâl 'l-maḫtûma bi-wâw qablahâ ḍamma wa ḏalika li-'l-'istiṯqâl, 'ammâ 'l-fatḥa fa-taẓhar)*: p.ex. (*naḥwa*): *yalhû 'l-tilmîḏu wa lan yasluwa durûsahu.*
– *yalhû* [**yalhuwu*]: verbe inaccompli nominatif avec un /u/ virtuel sur le *wâw* du fait qu'il serait trouvé lourd (*fiʿl muḍâriʿ marfûʿ bi-ḍamma muqaddara ʿalâ 'l-wâw li-'l-'istiṯqâl*).
– *yasluwa*: verbe inaccompli accusatif avec *lan* et la marque de son accusatif est un /a/ apparent sur sa finale (*fiʿl muḍâriʿ manṣûb bi-lan wa ʿalâma naṣbih fatḥa ẓâhira fî 'âḫirih*). [NP:sur la stabilité du groupe /*uwa*/ en arabe classique, sauf dans certains dialectes, voir ci-dessus].

32.260. Le /u/ et le /a/ sont virtuels sur ce qui précède le ***yâ'*** dans les noms auxquels est annexé le ***yâ'*** de la 1ère pers. du sing, ceci par le fait que la place [NP: de la voyelle de flexion /u/ ou /a/] est occupée par la voyelle qui **lui** correspond [NP: c'est-à-dire au ***yâ'***] (*'inna 'l-ḍamma wa 'l-fatḥa tuqaddarân ʿalâ mâ qabla 'l-yâ' fî 'l-'asmâ' 'l-muḍâfa 'ilâ yâ' 'l-mutakallim wa ḏalika li-'ištiġâl 'l-maḥall bi-'l-ḥaraka 'l-munâsiba lahâ*) [NP: ajoutons que ce nom ne doit pas se terminer par un *'alif maqṣûra* ou *manqûṣa*, ou une désinence du duel, ou celle d'un pluriel intègre masculin. Exemple: *wağadat 'umm**î** kitâb**î** fî ġurfat**î*** où on a des schèmes théoriques: *'umm**u**/**i**-î, kitâb**a**/**i**-î, ġurfati/**i**-î*. Les lettres en gras sont celles qui sont incompatibles avec la voyelle /i/ correspondant au *yâ'* [*al-ḥaraka 'l-munâsiba li-'l-yâ'*] tandis que dans le cas /i-î/, la voyelle «correspondant au *yâ'*» et la voyelle du génitif sont identiques et fusionnent. On doit se souvenir que le préfixe de la 1ère pers. du sg. est /*iya*/ (groupe stable) dans sa forme ancienne. On peut ainsi mieux comprendre qu'il est impossible d'avoir une forme comme **'umm**u-i**ya* ou **kitâb**a-i**ya*, le /u/ et le /a/ ne peuvent se maintenir car leur place est déjà occupée par le /*i*/ de /*iya*/. On peut donc résumer les cas où apparaît la voyelle virtuelle de flexion par la lourdeur supposée de certaines voyelles dans certains groupes, /*iy**u***/ et /*iy**i***/ /*uw**u***/, tandis que /a/ est apparent (donc non lourd) dans /*iy**a***/ et /*uw**a***/, et d'autre part par la place déjà occupée par la voyelle qui correspond au /y/ à savoir /i/ qui empêche les voyelles /a/ et /u/ d'apparaître].

Analyse des termes de l'exemple cité:

'ummî: agent nominatif avec un /u/ virtuel sur ce qui précède le *yâ'* à cause du fait de l'occupation de la place par la voyelle qui correspond au

yâʾ, le *yâʾ* est un pronom lié construit sur le *sukûn* en situation de génitif, annexé (*fâʿil marfûʿ bi-ḍamma muqaddara ʿalâ mâ qabla 'l-yâʾ li-'ištiġâl 'l-maḥall bi-'l-ḥaraka 'l-munâsiba lahâ, wa 'l-yâʾ ḍamîr muttaṣil mabnîy ʿalâ 'l-sukûn fî maḥall ǧarr muḍâf ʾilayh)*

kitâbî: mafʿûl bih manṣûb bi-fatḥa muqaddara ʿalâ mâ qabla 'l-yâʾ li-'ištiġâl 'l-maḥall bi-'l-ḥaraka 'l-munâsiba lahâ wa 'l-yâʾ kamâ ḏukira sâbiqan.

33. Le nom à flexion complète et à flexion incomplète (*al-'ism 'l-munṣarif wa ġayr 'l-munṣarif).*

33.261. Le nom à flexion complète est celui dans la désinence duquel apparaît le *tanwîn* et toutes les voyelles de flexion (*al-'ism 'l-munṣarif huwa mâ yaẓhar fî ʾâḫirih 'l-tanwîn wa ḥarakât 'l-ʾiʿrâb kulluhâ*): *raǧul* et *ʿâlim*: p.ex. *ǧaʾanâ raǧul**un** ʿâlim**un**, raʾaynâ raǧul**an** ʿâlim**an**, sallamnâ ʿalâ raǧul**in** ʿâlim**in**.*

33.262. Le nom à flexion incomplète est celui auquel n'est affixé ni le /i/ ni le *tanwîn* et il est appelé «celui qui est privé de flexion» [NP: sous-entendu: complète]. (*al-'ism ġayr 'l-munṣarif huwa mâ lâ yalḥaquh lâ 'l-kasr wa lâ 'l-tanwîn wa yusammâ* ***'l-mamnûʿ mina 'l-ṣarf***): *qadima ʾIbrahîm**u**, raʾaytu Yaʿqûb**a**, ḫalawtu bi-Yûsuf**a**.*

33.263. Voici les principaux noms privés de flexion (*ʾilayka ʾahamma 'l-ʾasmâʾ 'l-mamnûʿa mina 'l-ṣarf*):
– quelques noms propres et épithètes au singulier (*baʿḍ 'l-ʾaʿlâm wa 'l-ṣifât fî 'l-mufrad*);
– le pluriel à la forme *mafâʿil* et *mafâʿîl* (*al-ǧamʿ ʿalâ wazn mafâʿil wa mafâʿîl);*
– tout nom terminé par un *ʾalif* du féminin (*kull 'ism ḫutima bi-ʾalif taʾnîṯ).*

33.264. Le nom propre est privé de flexion (*yamtaniʿ 'l-ʿalam mina 'l-ṣarf*):
– s'il est féminin (*ʾiḏâ kâna muʾannaṯan*): *ʾÂminat**u**, Ḥamzat**u**, Maryam**u**, Zaynab**u**;*
– s'il est non-arabe (*ʾiḏâ kâna ʾaʿǧamiyyan)*: *ʾIsḥaq**u**, Yaʿqûb**u**, Baṭlîmus**u***;
– s'il est composé mélangé (*ʾiḏâ kâna murakkaban mazǧiyyan*): *Baʿlabakka, Bayta Laḥm, Buḫtanaṣṣar*;

– s'il est augmenté [NP: c'est-à-dire de lettres qui n'appartiennent pas à la racine] de *'alif* et *nûn* (*'iḏâ kâna mazîdan fîh 'alif wa nûn)*: *'Uṯm***ânu**, *Riḍw***ânu**, *'Imr***ânu**;
– s'il a le même *wazn* (schème) que le verbe (*'iḏâ kâna muwâzinan li-'l-fi'l*): *'Aḥmad***u**, *Yazîd***u**, *Taġlib***u** [NP: c'est-à-dire que *'aḥmadu* est aussi la 1ère personne de l'inaccompli indicatif du verbe *ḥamada*, et peut donc signifier aussi «je loue», de même pour *yazîdu*, troisième personne du singulier de l'inacc.indic. de *zâda* signifiant aussi: «il augmente», de même pour *taġlibu* «tu vaincs». Il faudrait préciser ici: il faut que la forme soit un schème employé **majoritairement** pour les verbes, p.ex. *'af'al*].
– s'il est un dévié par rapport à un autre mot (*'iḏâ kâna ma'dûlan 'an lafẓ 'âḫir*): *'Umar***u**, *Zuḥal***u**, *Quzaḥ***u**.

33. 265. L'épithète est privée de flexion (*tamtani' 'l-ṣifa mina 'l-ṣarf)*:
– si elle a le schème *fa'lân* dont le féminin est *fa'lâ* (*'iḏâ kânat 'alâ wazn fa'lân 'allaḏî mu'annaṯuh fa'lâ*): *'aṭšânu, rayyânu, ğaw'ânu, šab'ânu.*
– si elle a le schème *'af'al* (*'iḏâ kâna 'alâ wazn 'af'al*): *'afḍalu, 'aḥsanu, 'akbaru.*
– si elle est déviée par rapport à un autre mot (*'iḏâ kâna ma'dûlan bih 'an lafẓ 'âḫar)*: *maṯnan, ṯulâṯ, 'uḫar* [NP: le nom dévié est le nom changé en un autre état de mot sans (qu'il y ait) transformation, allègement, affixation ou augment: *al-'ism 'l-ma'dûl huwa 'l-'ism 'l-muḥawwal 'ilâ ḥâla lafẓiyya 'uḫrâ li-ġayr qalb 'aw taḫfîf 'aw 'ilḥâq 'aw ziyâda*, al-Ḫalîl, p. 408. La déviation (*al-'adl*): est la transformation du nom d'un état de mot à un autre, avec le maintien du sens radical (*taḥwîl 'l-'ism min ḥâla lafẓiyya 'ilâ 'uḫrâ ma'a baqâ' 'l-ma'nâ 'l-'aṣlîy*) à condition que le changement ne soit pas dû à une transformation (comme *'ayisa* de *ya'isa*), ou un allègement comme l'apparition d'un *sukûn* (comme *fahd* de *fahid*), ou l'affixation (comme dans *kawṯar* sur le modèle de *Ğa'far)* ou l'ajout sémantique (comme dans *ruğayl* qui ajoute le sens diminutif à *rağul)*, ainsi pour *'Umar* qui est dévié de *'Âmir*. La déviation existera pour alléger le mot par abréviation (*yakûn 'l-'adl li-taḫfîf 'l-kalima bi-'l-'iḫtiṣâr)* comme dans *maṯnan* («à deux») par rapport à *'iṯnâni* (deux), ou pour l'alléger en le subdivisant pour (l'expression) du nom propre, comme dans *'Umar*, ou pour (l'expression) de la qualification, comme dans *'uḫar*, al-Ḫalîl, p. 275].

33.266. Le pluriel est privé de flexion (complète) (*yamtani' 'l-ğam' mina 'l-ṣarf)*:

– s'il est du schème *mafâʿil* (*ʾiḏâ kâna ʿalâ wazn mafâʿil*): *masâǧidu, makârimu, manâbiru.*
– s'il est du schème *mafâʿîl* (*ʾiḏâ kâna ʿalâ wazn mafâʿîl*): *maṣâbîḥu, qanâdîlu, danânîru.*

33.267. Le nom terminé par le *ʾalif* du féminin écourté ou allongé (*ʾinna 'l-'ism 'l-maḫtûm bi-ʾalif 'l-taʾnîṯ maqṣûra ʾaw mamdûda*) est privé de flexion (complète) sans condition, qu'il soit singulier ou pluriel de nom propre, épithète etc.(*yamtaniʿ mina 'l-ṣarf dûna šarṭ, sawâʾan kâna mufradan ʾaw ǧamʿ, ʿalam, ṣifa ʾaw ġayr ḏalika*): *sakrâ, marḍâ, Salmâ, ḥamrâʾ, šuʿarâʾ.*

33.268. Le nom privé de flexion (complète) se met au génitif avec /i/ s'il est annexé ou pourvu de l'article (*ʾinna 'l-'ism 'l-mamnûʿ mina 'l-ṣarf yaǧurr bi-'l-kasra ʾiḏâ ʾuḍîfa ʾaw daḫalathu 'al*): *marartu bi-ʾafḍali 'l-ʿulamâʾ.*

34. Les particules (*'al-ḥurûf)*

34.269. La particule est un mot dont le sens n'est complet que si elle est en connection avec le nom ou le verbe (*'al-ḥarf kalima lâ yatimm lahâ madlûl ʾillâ bi-ʾiḍâfatihâ ʾilâ 'l-'ism ʾaw 'l-fiʿl)*. Toutes les particules sont construites (= invariables) (*wa 'l-ḥurûf kulluhâ mabniyya*).

34.270. Les particules du génitif sont 19; elles sont (*ʾaḥruf 'l-ǧarr tisʿata ʿašara wa hiya)*: *min, ʾilâ, ʿan, ʿalâ, fî, rubba*, le *kâf* (*ka)*, le *lâm* (*li)*, le *bâʾ* (*bi)*, le *tâʾ* (*ta*), le *wâw* (*wa)*, *ḥattâ, muḏ, munḏu, ḫalâ, ʿadâ, ḥâšâ, law lâ, kay*, et elles ne sont accolées qu'au nom (*wa hiya tadḫul 'l-ʾasmâʾ faqaṭ).*

34.271. Les particules de l'accusatif sont quatre et elles sont (*ʾaḥruf 'l-naṣb ʾarbaʿa wa hiya)*: *ʾan, lan, ʾiḏan, kay*. Elles ne s'accolent qu'à l'inaccompli seulement (*wa hiya tadḫul 'l-muḍâriʿ faqaṭ).*

34.272. Les particules de l'apocopé sont 5 et elles sont (*ʾaḥruf 'l-ǧazm ḫamsa wa hiya)*: *ʾin*, le *lâm* de l'impératif [NP: de la 3ème pers. sg.] (*lâm 'l-ʾamr*), le *lâ* d'interdiction (*lâ 'l-nâhiya*); [NP = impératif négatif], *lam, lammâ*, et elles ne s'accolent qu'à l'inaccompli seulement (*wa hiya tadḫul 'l-muḍâriʿ faqaṭ).*

34.273. Les particules de serment sont trois et elles sont (*ʾaḥruf 'l-qasam ṯalâṯa wa hiya)*: le *bâʾ* (*bi)*, le *tâʾ* (*ta)*, le *wâw* (*wa)* et elles ne s'accolent qu'au nom seulement (*'al-bâ', 'al-tâ', 'al-wâw, wa hiya tadḫul 'l-'ism faqaṭ).*

34.274. Les particules de conjonction sont 9 et elles sont (*'aḥruf 'l-ʿaṭf tisʿa wa hiya)*: le *wâw*, le *fâ', ṯumma, ḥattâ, 'aw, 'am, lâ, bal, lâkin*, et elles sont communes au [litt. «entre»] nom et au verbe (*wa hiya muštaraka bayna 'l-'ism wa 'l-fiʿl*).

34.275. L'interrogation a deux particules et elles sont (*li-'l-'istifhâm ḥarfân wa humâ)*: le *hamza* [NP: sur *'alif*], *hal* et elles sont communes au [litt. «entre»] nom et au verbe (*wa hiya muštaraka bayna 'l-'ism wa 'l-fiʿl).*

34.276. Les particules de réponse sont 6 et elles sont (*'aḥruf 'l-ğawâb sitta wa hiya): naʿam, balâ* (après une négation: «mais oui, certainement»), *'ağal, ğayri* («oui, vraiment»), *ğalal* (important, significatif: «assurément»), *'iyy* («oui», + *wa 'llâh*, «par Dieu»).

34.277. Les particules de négation sont 7 et elles sont (*'aḥruf 'l-nafy sabʿa wa hiya): mâ, lâ, lâta* (+ acc.: *lâta ḥîna manâṣin* «il est *trop tard pour* fuir»), *lam, lammâ* («ne pas... encore»), *lan, 'in.*

34.278. Les particules du vocatif sont 7 et elles sont (*'aḥruf 'l-nidâ' sabʿa wa hiya): hamza* (+ *'alif*), *yâ, 'â, 'ayy, 'ayâ, hayâ, wâ* et toutes sont (d'un emploi) spécialisé pour le nom (*wa kulluhâ taḫtaṣṣ bi-'l-'asmâ').*

34.279. Le futur a deux particules et elles sont (*li-'l-'istiqbâl ḥarfân wa hiya)*: le *sîn (= sa), sawfa*, elles sont (d'un usage spécialisé pour l'inaccompli) (*wa yaḫtaṣṣân bi-'l-muḍâriʿ*).

34.280. Les particules du maṣdar sont 5 et elles sont (*'aḥruf 'l-maṣdar ḫamsa wa hiya*): *'an, 'anna, kay, mâ, law.*

34.281. Le conditionnel a deux particules et elles sont (*li-'l-šarṭ ḥarfân wa humâ)*: *'in, law*, et elles s'accolent à l'accompli et à l'inaccompli (*wa humâ yadḫulân 'l-mâḍî wa 'l-muḍâriʿ).*

34. 282. Les particules de corroboration sont cinq et elles sont (*'aḥruf 'l-tawkîd ḫamsa wa hiya)*: *'inna, 'anna* (dans l'énergique «lourd»), le *nûn* (dans l'énergique «léger») le *lâm 'l-'ibtidâ'* du début (=*la*), *qad.*

34.283. Les particules d'exception sont quatre et elles sont (*'aḥruf 'l-'istiṯnâ' 'arbaʿa wa hiya)*: *'illâ, ḫalâ, ʿadâ, ḥâšâ* («mis à part, excepté»).

Deuxième partie

Syntaxe (*'al-naḥw*)

1. Objet de la syntaxe (*mawḍû˓ 'l-naḥw*)

1.292. La syntaxe nous apprend les états des mots quand ils entrent dans la phrase construite (*'al-naḥw yu˓allimunâ ˒aḥwâl 'l-˒alfâẓ ˓inda duḫûlihâ fî 'l-tarkîb).*

1.293. Les mots dans la phrase construite (comprennent) deux parties (*˒inna 'l-˒alfâẓ ˓inda 'l-tarkîb qismân)*:
– construit (*mabnîy)*: c'est celui dont la finale se maintient dans un seul état (*wa huwa 'llaḏî yaṯbit ˒âḫiruh fî ḥâla wâḥida)*;
– fléchi (*mu˓rab)*: c'est celui dont la finale change et elle sera dans des états différents (*wa huwa 'llaḏî yataġayyar ˒âḫiruh fa-yakûn ˓alâ ˒aḥwâl muḫtalifa*).

1.294. On n'a pas établi de règles pour connaître l'état de la finale des mots construits (*lam tûḍa˓ qawâ˓id li-ma˓rifat ḥâlat ˒âḫir 'l-kalimât 'l-mabniyya*). Cela dépend de l'usage (*wa ˒innamâ yatawaqqaf ḏalika ˓alâ 'l-samâ˓*).

1.295. On connaît l'état de la finale des mots fléchis à partir des règles qu'ont consignées les grammairiens dans la science de la syntaxe (*tu˓raf ḥâlat ˒âḫir 'l-kalima 'l-mu˓raba min 'l-qawâ˓id 'llatî waḍa˓ahâ 'l-naḥwiyyûn fî ˓ilm 'l-naḥw*).

Grâce à ceci on connaît (*wa bih tu˓raf*):
– Les états de la finale du verbe (*ḥâlât ˒âḫir 'l-fi˓l*): le nominatif/indicatif, l'accusatif/subjonctif et l'apocopé (*'al-raf˓, 'al-naṣb, wa 'l-ğazm).*
– Les états de la finale du nom (*ḥâlât ˒âḫir 'l-'ism*): le nominatif, l'accusatif et le génitif (*'al-raf˓, 'al-naṣb, wa 'l-ğarr*).

2. Les occurrences du nominatif/indicatif et de l'accusatif/subjonctif dans le verbe inaccompli (*mawâḍi˓ raf˓ 'l-fi˓l 'l-muḍâri˓ wa-naṣbih*) [NP: cf. supra 7.52 pour les principes généraux].

2.296. Le verbe inaccompli est toujours mis au nominatif/indicatif: *yuṯmir**u** 'l-šağaru.* [NP: étant entendu qu'on ne considère ici que la voyelle *brève* de désinence qui est le signe du nominatif par excellence, *'aṣl*, et non pas le nominatif «par le maintien du *nûn*» dans les «cinq verbes» (*bi-ṯubût 'l-nûn*) qui est *far'*] sauf lorsque s'y accole une des particules «accusativantes/subjonctivantes» ou «apocopativantes» ou ce qui rend obligatoire son invariabilité (*yurfa' 'l-fi'l 'l-muḍâri' dâ'iman 'illâ 'iḏâ daḫalah 'aḥad 'l-ḥurûf 'l-nâṣiba 'aw 'l-ğâzima 'aw mâ yûğib binâ'ah*) [NP: le verbe inaccompli est construit sur un *sukûn* ou sur une voyelle *a* respectivement aux deux personnes du féminin pluriel: *taf'alna, yaf'alna* (*mabnîy 'alâ 'l-**sukûn** li-'ttiṣâlih bi-nûn 'l-'inâṯ*) et aux formes de l'inaccompli de corroboration marquées par la désinence /a/ (*mabnîy 'alâ **'l-fatḥ** li-'ttiṣâlih bi-nûn 'l-tawkîd* dans *yaf'al**a**nna*, forme lourde, et *yaf'al**a**n* forme légère p. ex.].

2.297. Les particules «accusativantes/subjonctivantes» sont de deux ordres (*'al-ḥurûf 'l-nâṣiba qismân*): une partie qui met à l'accusatif par elle-même et une partie qui met à l'accusatif par *'an* virtuel (*qism yanṣub bi-ḏâtih wa qism yanṣub bi-'an muqaddara*):

2.298. Les particules «accusativantes/subjonctivantes» par elles-mêmes sont 4 et elles sont *'an, lan, 'iḏan, kay et li-kay* (*al-ḥurûf 'l-nâṣiba bi-ḏâtihâ 'arba'a wa hiya*: *'an, lan, 'iḏan, kay, li-kay*): *'urîdu 'an 'ata'allam**a**, lan yağûd**a** 'l- baḫîl, 'iḏan nabluġ**a** 'l-qaṣda, 'udrus kay (li-kay) taḥfaẓ**a**.*

2.299. Les particules «accusativantes/subjonctivantes» avec *'an* virtuel sont 5 et elles sont (*'al-ḥurûf 'l-nâṣiba bi-'an muqaddara ḫamsa wa hiya*):

ḥattâ, 'al-lâm, 'aw, ***'al-fâ'***, ***'al-wâw***. (*wa 'l-'aṣl*: *ḥattâ 'an, li-'an, 'aw 'an, fa 'an, wa 'an*).

*'iḍribi 'l-muḏniba ḥattâ yatûb**a*** (***ḥattâ***: *li-'l-ta'lîl* « pour expliquer, justifier» = *kay*).

*'udrus ḥattâ 'arği'**a*** (***ḥattâ***: *li-'ntihâ' 'l-ġâya* pour l'accomplissement du but = *'ilâ 'an).*

*ḫuḏi 'l-dawâ'a li-tabra'**a*** (***li***: *li-'l-ta'lîl*)

*lam 'akun li-'ahrub**a*** (***li***: *li-'l-ğuḥûd* pour la négation = *lâm masbûqa bi kâna manfiyya* [NP: un *lâm* précédé du verbe «être» à la négation]), [NP: donc *lam 'akun li'ahruba = lam 'ahrub*].

*lâ 'astarîḥu **'aw** 'aqûl**a** 'l-ḥaqqa* (*'ilâ 'an, 'illâ 'an*).

fâ' -'l-sabab: le *fâ'* de dépendance: [NP: est suivi d'un subjonctif] s'il se présente (comme) une conséquence [litt.: une réponse] d'une injonction ou d'une négation [NP: de la possibilité de faire quelque chose] (*'iḏâ waqa'at ğawâban li-ṭalab 'aw nafy*):
– injonction pour commander (*'al-ṭalab li-'l-'amr*): *tâğir fa-tarbaḥ**a**.*
– injonction pour interdire (*'al-ṭalab li-'l-nahy*): *lâ tadnu mina 'l-nâri fa-taḥtariq**a**.*
– injonction pour interroger (*'al-ṭalab li-'l-'istifhâm*): *hal rağa'a ṣadîqunâ fa-'usallim**a** 'alayhi?*
– injonction pour (exprimer) l'espoir (réalisable) (*'al-ṭalab li-'l-tarağğî*): *la'alla 'l-ṣadîqa yazûrunâ fa-nasta'nis**a** bihi.*
– injonction pour exprimer l'espoir (irréalisable) (*'al-ṭalab li-'l-tamannî*): *layta lî mâlan fa-'ağûd**a**.*
– injonction pour proposer (*'al-ṭalab li-'l-'arḍ*): *'a lâ tadnû mina 'l-nûri fa-tubṣir**a**.*
– injonction pour inciter (à faire quelque chose) (*'al-ṭalab li-'l-taḥḍîḍ*): *hallâ tadrus (u) fa-taḥfaẓ**a**.*
– la négation (de la possibilité de faire quelque chose): *'al-nafy*: *lâ 'a'rifu dâra 'l-ṣadîqi fa-'azûr**a**hu.*

le *wâw* d'accompagnement (***wâw 'l-ma'iyya***) précédé d'une injonction ou d'une négation de la même façon que dans le *fâ' sababiyya* (*'al-masbûqa bi ṭalab 'aw nafy kamâ taqaddama):* «n'interdis pas une tendance naturelle alors (en même temps que) que tu la suis (toi-même)»: *lâ tanha 'an ḫuluqin wa ta'tiy**a** miṯlahu.*

2.300. *'an* met le verbe à l'accusatif quand il se présente avec ce qui le suit dans le sens d'un *maṣdar* (*'an tanṣub 'l-fi'l 'iḏâ waqa'at ma'a mâ ba'dahâ fî ma'nâ 'l-maṣdar)* et aura lieu à ce moment pour la proposition de *'an* une «situation» de flexion (*wa yakûn li-ğumlat 'an 'inda'iḏ maḥall mina 'l-'i'râb*): *'urîdu* ***'an 'ata'allama*** = *'urîdu 'l-'ilma).*

2.301. *'iḏan* met le verbe à l'accusatif à deux conditions: c'est-à-dire qu'il soit au début du *ğawâb* dans lequel il intervient et qu'il ne soit pas séparé du verbe (*'iḏan tanṣub 'l-fi'l bi-šarṭayn*: *'ay 'iḏâ kânat fî ṣadr 'l-ğawâb 'allaḏî taqa' fîh wa lam yufṣal baynahâ wa bayn 'l-fi'l*): *'iḥtarim ra'îsaka 'iḏan yukrim**a**ka.*

En dehors de ces cas, *'iḏan* ne met pas (le verbe) à l'accusatif: *'iḥtarim ra'îsaka <u>'innahu</u> 'iḏan yukrim**u**ka, 'iḥtarim ra'îsaka 'iḏan <u>huwa</u> yukrim**u**ka.*

2.302. Le verbe inaccompli est apocopé quand un des 16 instruments apocopants le précède (*yuğzam 'l-fi'l 'l-muḍâri' 'iḏâ sabaqathu 'iḥdâ 'l-'adawât 'l-ğâzima 'l-sitta 'ašrata).*

2.303. Les instruments apocopants ont deux parties: une partie qui apocope un seul verbe et une partie qui apocope deux verbes (*'al-'adawât 'l-ğâzima qismân, qism yağzim fi'lan wâḥidan wa qism yağzim fi'layn*).

2.304. Les instruments apocopant un seul verbe sont quatre (*'al-'adawât 'l-ğâzima fi'lan wâḥidan 'arba'*): ***lam****: lam yaḏhab 'aḥadun;* ***lâm 'l-'amr****: li-taṭib nafsuka;* ***lammâ****: ta'allama 'l-qirâ'ata wa lammâ yaktub;* ***lâ 'l-nâhiya****: lâ tay'as min raḥmati 'llahi.*

2.305. Les instruments apocopant deux verbes sont douze et tous sont pour (exprimer) la condition (*'al-'adawât 'l-ğâzima fi'layn 'iṯnatâ 'ašrata wa kulluhâ li-'l-sarṭ*: *'in, 'iḏmâ, man, mâ, mahmâ, 'ayy, kayfamâ, matâ, 'ayyâna, 'aynamâ, 'annâ, ḥayṯumâ*):

'in (ḥarf šarṭ): *'in taksal taḫsar.*

'iḏmâ (ḥarf šarṭ): 'iḏmâ ta'allam taqaddam. («plus tu apprends, plus tu progresses»).

man ('ism šarṭ li-'l-'âqil) man yaṭlub yağid.

mâ ('ism šarṭ li-ġayr 'l-'âqil): mâ taf'al 'af'al.

mahmâ ('ism šarṭ): mahmâ ta'mur 'af'alhu.

'ayy ('ism šarṭ): 'ayyan tukrim 'ukrim, 'ayyun yağtahid yanğaḥ.

kayfamâ ('ism šarṭ li-'l-ḥâl): kayfamâ tağlis 'ağlis.

matâ ('ism šarṭ li-'l-zamân): matâ tarğa' nukrimka.

'ayyâna ('ism šarṭ li-'l-zamân) (NP: étymol. «à quel moment»)*: 'ayyâna tas'alnî 'ağibka.*

'aynamâ ('ism šarṭ li-'l-makân): *'aynamâ taḏhab tanğaḥ.*

'annâ ('ism šarṭ li-'l-makân): *'annâ yaḏhab ṣâḥibu 'l-mâli yukram.*

ḥayṯumâ ('ism šarṭ li-'l-makân): ḥayṯumâ tasquṭ taṯbut.

3.306. Le premier des deux verbes est appelé *šarṭ* et le second *ğawâb 'l-šarṭ.*

3.307. Les instruments apocopants sont tous des **noms**, à l'exception de *'in 'iḏmâ* (qui) sont des **particules**.

(RAPPEL: 27.208. Voici les énoncés du nom de condition (*'ilayka 'alfâẓ 'ism 'l-šarṭ)*: *man* (uniquement au sens de «quiconque, qui que ce soit qui»), *mâ, 'ayy, mahmâ, 'ayyumâ* (uniquement au sens de «quoi, quel, quelle que ce (soit) que»), *matâ, 'ayyâna* (uniquement au sens de «en quelque temps que»), *'ayna, 'aynamâ, ḥayṯumâ* (uniquement au sens de «où que»), *kayfamâ, 'annâ* («de quelque manière que»). **Tous ces noms sont construits** [NP: quand ils se terminent par /â = a''/, ils sont «construits sur le sukûn», ce qui signifie simplement qu'ils ne se terminent pas par /u/, /i/ /a/ brefs, désinences de cas, et qu'on a ici *'alif* final qui n'est pas régi par quelque régissant, comme c'est le cas pour le *'alif* de *'allaḏâni* p.ex., sauf *'ayy* qui est fléchi]. C'est donc essentiellement la présence ou l'absence d'une **voyelle à la fin du mot,** brève ou longue, qui détermine le statut de nom].

3.308. Tous ces instruments sont construits [NP: sur le *sukûn*, c'est-à-dire sur /a''/] à l'exception de *'ayy* qui est fléchi (*kull haḏihi 'l-'adawât mabniyya mâ ʿadâ 'ayy fa hiya muʿraba*) [NP: c'est-à-dire peut se terminer par une voyelle brève de cas, à l'état déterminé et indéterminé].

3.309. *'in* de condition est virtuel après la demande et l'inaccompli est apocopé (*'in 'l-šarṭiyya takûn muqaddara baʿda 'l-ṭalab fayuğzam 'l-muḍâriʿ*): *taʿallam tafuz* = *'in tataʿallam tafuz.*

3.310. Le verbe de la condition et sa réponse: il est permis qu'ils soient (*'inna fiʿl 'l-šarṭ wa ğawâbah yağûz 'an yakûnâ*)
– deux inaccomplis (*muḍâriʿayn*): *'in taṣbir taẓfar*: ils sont apocopés (*wa humâ mağzûmân)*;
– ou deux accomplis (*'aw mâḍiyayn*): *'in ṣabarta ẓafarta*: ils sont en situation de *ğazm* (*wa humâ fî maḥall ğazm)*;
– ou différant l'un de l'autre (*'aw mutaḫâlifayn*): *'in ṣabarta taẓfar* (*'aw taẓfaru*) (la condition est en situation d'apocopé et la réponse apocopée ou indicative) (*'al-šarṭ fî maḥall ğazm wa 'l-ğawâb mağzûm 'aw marfûʿ*).

3.311. Le *fâ'* de rétribution [NP: ou d'équivalence, d'où le français: «phrase hypothétique double» où les deux parties de la phrase sont équivalentes, il n'y a pas une principale et une subordonnée: le mot *ğazâ'* s'emploie pour désigner à la fois: la condition, la réponse à la condition

et une forme de complément circonstanciel appelé *maf'ûl lahu*] s'accole à la réponse à la condition dans six cas (*tadḫul 'l-fâ', fâ' 'l-ǧazâ', 'alâ ǧawâb 'l-šarṭ wuǧûban fî sitta mawâḍi'*):
– si elle [NP: la réponse à la condition] est un accompli auquel est lié *qad* (*'in kâna mâḍiyan maqrûnan bi-qad*): *'in 'âmanta* ***faqad*** *ḫalaṣta*;
– si elle est à la forme négative avec *mâ* ou *lan*: *'in ǧâ'anî ḍayf* ***famâ*** *'arudduhu 'aw:* ***falan*** *'aruddahu*;
– si elle est un verbe injonctif (*'in kâna fi'lan ṭalabiyyan*): *'in saqaṭa 'aduwwuka* ***fa-lâ tašmat*** *bihi*;
– si elle est un verbe figé (*'in kâna fi'lan ǧâmidan*): *'in taranî 'aqalla mâlan* ***fa'asâ*** *rabbî 'an yuġniyanî*;
– si elle est liée par un *sîn* ou *sawfa* (*'in kâna maqrûnan bi-'l-sîn 'aw bi-sawfa*): *'in zurtanî* ***fa-sa'****azûruka 'aw* ***fa-sawfa*** *'azûruka*);
– si c'est une phrase nominale (*'in kâna ǧumlatan 'ismiyyatan*): *mahmâ 'aradta* ***fa'innî*** *musta'iddun li-qaḍâ'ihi.*

3.312. Le *fâ'* s'insère dans la réponse à la condition facultativement dans deux cas (*tadḫul 'l-fâ' 'alâ ǧawâb 'l-šarṭ ǧawâzan fî mawḍi'ayn*):
– si elle est un inaccompli (nominatif) à la forme négative avec *lâ* (*'in kâna muḍâri'an manfiyyan bi-lâ*): *'in tadrus fa-lâ taḫsaru* (*'aw: 'in tadrus lâ taḫsaru*)
– si elle est un inaccompli (nominatif) affirmatif (*'in kâna muḍâri'an muṯbatan*): *man yaṭlub fa-yaǧid 'aw: man yaṭlub yaǧidu.*

3.313. Quand le *fâ'* s'insère dans la réponse à la condition, l'apocope est empêchée et le verbe se met au nominatif/indicatif en tant que prédicat d'un inchoatif retranché et la proposition sera en situation d'apocope car elle est une réponse à la condition (*'iḏâ daḫalat 'l-fâ' 'alâ ǧawâb 'l-šarṭ yamtani' 'l-ǧazm wa yurfa' 'l-fi'l ḫabaran 'an mubtada' maḥḏûf wa takûn 'l-ǧumla fî maḥall 'l-ǧazm li-'annahâ ǧawâb 'l-šarṭ*): *man yaṭlub fa-yaǧidu = man yaṭlub fa-(huwa) yaǧid***u** [NP: *huwa* est *mubtada' maḥḏûf* et *yaǧidu* est *ḫabar* avec désinence du nominatif/indicatif. Ceci indique encore une fois que verbe et nom/adjectif ont un seul système flexionnel pour les grammairiens arabes].

3.314. *man, mâ, mahmâ, 'ayy* conditionnels sont (*takûn man, mâ, mahmâ, 'ayy 'l-šarṭiyya*):
– inchoatif: si un verbe intransitif se présente après eux et que la condition et sa réponse soient leur prédicat (*mubtada'an 'iḏâ waqa'a ba'dahâ fi'l lâzim wa yakûn 'l-šarṭ wa ǧawâbuh ḫabaran 'anhâ*): ***'ayyun*** *yaǧta-*

hid yanǧaḥ, ***mâ*** *yaṣilnî mina 'l-mâli 'antafiʿ bih* [NP: *'ayyun* serait *mubtada'*, *yanǧaḥ* serait *ḫabar*, ce qui ne se peut car l'inchoatif doit être déterminé. Quant au 2ème exemple, il ne comporte pas de verbe intransitif].
– complément d'objet direct: si un verbe transitif qui n'a pas pris son complément [NP: placé habituellement après le verbe] se présente après eux (*mafʿûlan bih 'iḏâ waqaʿa baʿdahâ fiʿl mutaʿaddin lam ya'ḫuḏ mafʿûlah*): ***man*** *nukrim 'ukrim*, ***'ayyan*** *tas'al yuǧibka*, ***mâ*** *taṭlub tanal.*
– en situation de génitif avec la particule ou avec l'annexion (*fî maḥall ǧarr bi-'l-ḥarf 'aw bi-'l-'iḍâfa*): ***bi****-man taḏhab 'aḏhab*, *ʿammâ tufattiš 'ufattiš*, *ġulâmu* ***man*** *taḍrib 'aḍrib.*

3.315. *matâ, 'ayyâna, 'aynamâ, 'annâ, ḥayṯumâ* sont conditionnels, en situation d'accusatif en tant que circonstance (*takûn matâ, 'aynamâ, 'annâ, ḥayṯumâ 'l-šartiyya fî maḥall naṣb ʿalâ 'l-ẓarfiyya* [NP: il s'agit en l'occurrence de la circonstance de lieu ou de temps, *ẓarf makân 'aw ẓarf zamân*] *matâ tanam 'anam, ḥayṯumâ tasquṭ taṯbut.*

3.316. *kayfamâ* conditionnel est en situation d'accusatif du *ḥâl* (complément circonstanciel d'état ou de manière) (*takûn kayfamâ 'l-šarṭiyya fî maḥall naṣb ḥâl*) [NP: rappel: il ne peut pas être accusatif «pur» car la voyelle finale est /-â/ et non /-a/: il est donc construit invariablement sur le *sukûn* [*kayfama*"] et en situation d'accusatif]: *kayfamâ tatawaǧǧah tuṣâdif ḫayran.*

[NP: exemple d'analyse de propositions conditionnelles]: *man yaṭlub yaǧid, 'ayyan tukrim 'ukrim.*

man: nom de condition, construit sur le *sukûn*, en situation de nominatif, inchoatif (*'ism šarṭ, mabnîy ʿalâ 'l-sukûn, fî maḥall rafʿ, mubtada'*).

yaṭlub: verbe inaccompli apocopé parce qu'il est le verbe de la condition et la marque de son apocope est un *sukûn* à sa finale. Son agent est facultativement caché en lui: sa restitution (litt.: supposition) est «lui» (*fiʿl muḍâriʿ maǧzûm li'annah fiʿl 'l-šarṭ wa ʿalâmat ǧazmih sukûn fî 'âḫirih wa fâʿiluh mustatir fîh ǧawâzan taqdîruh huwa).*

yaǧid: verbe inaccompli apocopé parce qu'il est la réponse de la condition et la marque de son apocope est un *sukûn* à sa finale: son agent est facultativement caché en lui: sa restitution est *huwa.*

La proposition du verbe de la condition et sa réponse sont en situation de nominatif (cette dernière) en tant qu'informant d'un inchoatif [NP:

on voit que l'analyse arabe porte autant sur les mots que sur les propositions: dans «celui qui cherche trouve», la première proposition est assimilée à un inchoatif, tandis que la seconde est assimilée à un informant, les deux propositions étant donc virtuellement nominatives. On pourrait donc les récrire: «si quelqu'un cherche (il est) il trouve] (*fi'l muḍâri' maǧzûm li-'annah ǧawâb 'l-šarṭ wa 'alâmat ǧazmih sukûn fî 'âḫirih wa fâ'iluh mustatir fîh ǧawâzan taqdîruh huwa wa ǧumlat fi'l 'l-šarṭ wa ǧawâbuh fî maḥall raf' ḫabar mubtada'*).

'ayyan: nom de condition complément d'objet accusatif avec /a/ de sa finale (*'ism šarṭ maf'ûl bih manṣûb bi-fatḥ 'âḫirih*).

tukrim: verbe inaccompli apocopé parce qu'il est verbe de la condition et la marque de son apocope est un *sukûn* à sa finale. Son agent est caché obligatoirement, sa restitution est «toi» (*fi'l muḍâri' maǧzûm li-'annah fi'l 'l-šarṭ wa 'alâmat ǧazmih sukûn fî 'âḫirih wa fâ'iluh mustatir wuǧûban taqdîruh 'anta*).

'ukrim: verbe inaccompli apocopé parce qu'il est la réponse de la condition et la marque de son apocope est un *sukûn* à sa finale. Son agent est caché obligatoirement: sa restitution est «moi» (*fi'l muḍâri' maǧzûm li-'annah ǧawâb 'l-šarṭ wa 'alâmat ǧazmih sukûn fî 'âḫirih wa fâ'iluh mustatir wuǧûban taqdîruh 'anâ*).

4. Les occurrences de nominatif du nom [NP: au sens de positions syntaxiques du nom qui requièrent le nominatif dans la phrase] (*mawâḍi' raf' 'l-'ism: al-fâ'il*).

Le nom est mis au nominatif dans sept positions, c'est-à-dire quand il se présente comme: agent, substitut de l'agent, inchoatif, informant, nom de *kâna* et de ses sœurs [NP: les sœurs de *kâna* sont: des verbes d'existence comme *'aṣbaḥa*, *'amsâ*, *bâta*, *ẓalla* qui indiquaient primitivement l'existence à un moment donné (le matin, le soir, la nuit) mais qui sont devenus des quasi synonymes de *kâna* renvoyant simplement à l'existence en général; des verbes exprimant le devenir (*'aṣbaḥa*), la durée (*labiṯa*, *dâma* et *mâ 'nfakka, mâ bariḥa, mâ fati'a, mâ zâla)*: tous ces «verbes» ont en réalité un «nom» (*'ism*) et un «informant» (*ḫabar*), ils forment donc des propositions nominales], nom de *kâda* et de ses sœurs [NP: soit: *mâ labiṯa 'an* et *'awšaka 'an* qui expriment l'*imminence* d'un procès où l'on a aussi un «nom» et un «informant» comme ci-dessus], informant de *'anna, 'inna* et de leurs sœurs. [NP: sœurs de *'anna*: *li'anna, ka'anna*; sœurs de *'inna*: *fa'inna, lâkinna*] (*yurfa' 'l-'ism fî sab'a mawâḍi' 'ay 'iḏâ waqa'a fâ'ilan, nâ'iba-'l-fâ'il, mubtada'an, ḫabaran, 'isman li-kâna wa 'aḫawâtihâ, 'isman li-kâda wa 'aḫawâtihâ, ḫabaran li-'anna /'inna wa 'aḫawâtihâ*).

4.317. L'agent est un nom qui se présente après un verbe actif et désigne celui qui a fait l'action (*'al-fâ'il huwa 'sm waqa'a ba'da fi'l ma'lûm wa dalla 'alâ man fa'alah*): *la'iba 'l-ṣaġîr*: le mot «le petit» est un nom qui se présente après un verbe actif et désigne celui a fait le jeu (*fa-kalima 'l-ṣaġîr fâ'il li'annahâ waqa'at ba'da 'l-fi'l wa dallat 'alâ man fa'ala 'l-la'b*).

4.318. L'agent est (*yakûn 'l-fâ'il*):
– un nom apparent (*'sman ẓâhiran): ṭala'ati* ***'l-šamsu.***
– un pronom apparent (*ḍamîran bârizan*): *naǧaḥ**tu** fî 'l-'imtiḥâni.*
– un pronom caché (*ḍamîran mustatiran*): *'al-ṯilmîḏu 'l-muǧtahidu yanǧaḥu (**huwa**).*
– un interprétable (*mu'awwalan*): *balaġanî [**'annaka naǧaḥta**] = balaġanî [**naǧâḥuka**].* [NP: on voit que l'interprétable est ce qui est remplaçable par un maṣdar de même racine, comme dans: *'urîdu 'an 'azûraka* où *'an 'azûraka* est un «interprétable par» *ziyârataka*; c'est le *sabk*, voir *al-Ḫalîl*, p. 235].

4.319. Si l'agent est féminin son verbe est au féminin (*'iḏâ kâna 'l-fâ'il mu'annaṯan yu'annaṯ fi'luh*):
– à l'accompli: avec un *tâ'* portant le *sukûn* à sa finale (*fî 'l-mâḍî bi tâ' sâkina fî 'âḫirih*): *sâfarat Maryamu.*
– à l'inaccompli: avec les marques du féminin de l'inaccompli à son initiale (*fî 'l-muḍâri': bi-'alâmât 'l-ta'nîṯ li-'l-muḍâri' fî 'awwalih*): *tusâfiru Maryamu.*

4.320. Si l'agent est un nom apparent au duel, la marque du duel ne s'affixe pas à la finale du verbe mais il reste (au) singulier (*'iḏâ kâna 'l-fâ'il 'sman ẓâhiran bi-'l-muṯannâ lâ talḥaq 'âḫir 'l-fi'l 'âlâmat 'l-taṯniya bal yabqâ 'l-fi'l mufradan*). On ne dit pas (*fa-lâ yuqâl): qâmâ 'l-raǧulâni* mais (*bal) qâma 'l-raǧulâni.*

4. 321. Si l'agent est un nom apparent au pluriel, la marque du pluriel ne s'affixe pas à la finale du verbe mais il reste (au) singulier (*'iḏâ kâna 'l-fâ'il 'sman ẓâhiran bi 'l-ǧam' lâ talḥaq 'âḫir 'l-fi'l 'alâmat 'l-ǧam' bal yabqâ 'l-fi'l mufradan*).On ne dit pas (*fa-lâ yuqâl*): *takallamû 'l-ḫuṭabâ'* mais (*bal*): *takallam**a** 'l-ḫuṭabâ'.*

4.322. La mise au masculin et au féminin du verbe est permise dans trois cas (*yağûz 'l-taḏkîr wa 'l-ta'nîṯ fî 'l-fi'l fî ṯalâṯat mawâḍi'*):
– quand l'agent féminin est séparé du verbe (*'iḏâ kâna 'l-fâ'il 'l-mu'annaṯ munfaṣilan 'an 'l-fi'l*): *sâfarat 'aw sâfara 'l-yawma Maryamu.*
– quand l'agent féminin est une métaphore (*'iḏâ kâna 'l-fâ'il 'l-mu'annaṯ mağâziyyan*): *'aṯmarat 'aw 'aṯmara 'l-šağaratu.*
– quand l'agent est un pluriel brisé (*'iḏâ kâna 'l-fâ'il ğam' taksîr*): *ğâ'at 'aw ğâ'a 'l-ğawârî.*

4.323. La phrase composée d'un verbe et d'un agent est une phrase verbale (*'inna 'l-ğumla 'l-murakkaba mina 'l-fi'l wa 'l-fâ'il tusammâ ğumla fi'liyya*): *nazala 'l-maṭaru.*

5. Les occurrences de nominatif du nom: le représentant de l'agent (*mawâḍi' raf' 'l-'ism: nâ'ib 'l-fâ'il*).

5.324. Le représentant de l'agent est un complément d'objet direct qui se place après un verbe passif: le complément occupe la place de l'agent retranché et est mis au nominatif à sa place (*nâ'ib 'l-fâ'il huwa maf'ûl bih waqa'a ba'da fi'l mağhûl fa ḥalla 'l-maf'ûl maḥalla 'l-fâ'il 'l-maḥḏûf wa rufi'a badalah*):
– *qatala (ma'lûm) 'l-ḥârisu (fâ'il) 'l-liṣṣa (maf'ûl bih): qutila (mağhûl) ['l-ḥârisu: yağib ḥadfuh muṭlaqan] 'l-liṣṣu (maf'ûl bih ḥalla maḥalla 'l-fâ'il wa du'iya nâ'ib fâ'il fa 'aṣbaḥa marfû'an).*

5.325. Quand le verbe est transitivant par rapport à plus d'un complément, le premier, représentant de l'agent, est mis au nominatif, le second reste à l'accusatif (*'iḏâ kâna 'l-fi'l muta'addiyan 'ilâ 'akṯar min maf'ûl wâḥid yurfa' 'l-'awwal wa yabqâ 'l-ṯânî manṣûban*): *razaqa (ma'lûm) 'Allahu (fâ'il) 'l-faqîra (maf'ûl bih 'awwal) mâlan (maf'ûl bih ṯânin: ruziqa (mağhûl) ['Allahu: yağib ḥadfuh muṭlaqan] 'l-faqîru (maf'ûl bih 'awwal ḥalla maḥalla 'l-fâ'il wa du'iya «nâ'ib fâ'il» fa-'aṣbaḥa marfû'an) mâlan (maf'ûl bih ṯânin baqiya 'alâ ḥâlih fî ḥâlat 'l-naṣb).*

5.326. Si le représentant de l'agent est féminin, son verbe est mis au féminin (*'iḏâ kâna nâ'ib fâ'il mu'annaṯan yu'annaṯ fi'luh*):
– à l'accompli: par un *tâ'* portant le *sukûn* à sa finale (*fî 'l-mâḍî: bi-tâ' sâkina fî 'âḫirih*): *suriqat sâ'atun* (montre, horloge).
– à l'inaccompli: par les signes du féminin de l'inaccompli à son initiale (*fî 'l-muḍâri' bi-'alâmât 'l-ta'nîṯ li-'l-muḍâri'*) [NP: on retrouve

dans ces explications l'absence de la notion de «conjugaison», ou flexion verbale autonome par rapport à celle du nom. On n'établit pas un rapport direct entre le /t/ de la 3ème pers. du fém. sg. de l'accompli et celui des personnes de l'inaccompli].

5.327. Si le représentant de l'agent est un nom apparent au duel, la marque du duel n'est pas suffixée à la finale du verbe mais le verbe reste (au) singulier (*'iḏâ kâna nâ'ib 'l-fâʿil 'sman ẓâhiran bi-'l-muṯannâ lâ talḥaq 'âḫir 'l-fiʿl ʿalâmatu 'l-taṯniya bal yabqâ 'l-fiʿl mufradan*). On ne dit pas (*fa lâ-yuqâl*): *ḍuribâ 'l-liṣṣâni* mais (*bal*): *ḍuriba 'l-liṣṣâni.*

5.328. Si le représentant de l'agent est un nom apparent au pluriel, la marque du pluriel n'est pas suffixée à la finale du verbe mais le verbe reste (au) singulier (*'iḏâ kâna nâ'ib 'l-fâʿil 'sman ẓâhiran bi-'l-ǧamʿ lâ talḥaq 'âḫira 'l-fiʿl ʿalâmatu 'l-ǧamʿ, bal yabqâ 'l-fiʿl mufradan).* Et on ne dit pas (*fa-lâ yuqâl*): *sumiʿû 'l-šuhûdu* mais (*bal*) *sumiʿa 'l-šuhûdu.*

5.329. La phrase formée par le verbe et le représentant de l'agent est appelée phrase verbale (*'inna 'l-ǧumla 'l-murakkaba mina 'l-fiʿl wa nâ'ib 'l-fiʿl tusammâ ǧumla fiʿliyya*): *zuriʿa 'l-ḥubbu.*

6. Les occurrences de nominatif du nom: l'inchoatif et l'informant (*mawâḍiʿ rafʿ 'l-'ism: 'al-mubtada' wa 'l-ḫabar*).

6.330. L'inchoatif est le nom au nominatif (qui est) au début de la phrase (nominale) sans régissant formel (*'al-mubtada' huwa 'l-'ism 'l-marfûʿ fî 'awwal 'l-ǧumla bidûn ʿâmil lafẓîy*): *'al-ʿilm nâfiʿ.*

6.331. Le régissant formel est tout mot qui s'accole à un autre mot et produit à sa finale la marque de flexion (*'al-ʿâmil 'l-lafẓîy huwa kull kalima tadḫul ʿalâ kalima 'uḫrâ wa tuḥdiṯ fî 'âhirihâ ʿalâmat 'iʿrâb*). *ǧâ'a 'l-tilmîḏu*: le mot *ǧâ'a* est le régissant formel qui rend obligatoire (le fait) que *'l-tilmîḏu* soit nominatif (*kalima «ǧâ'a» hiya 'l-ʿâmil 'l-lafẓîy 'llaḏî 'awǧaba 'an yakûna «'l-tilmîḏu» marfûʿan*).

6.332. L'informant est un énoncé qui complète le sens de l'inchoatif (*'al-ḫabar huwa lafẓ yutammim maʿnâ 'l-mubtada'*).

6.333. L'inchoatif est déterminé (et) vient en tête. Et l'informant, s'il est un nom singulier, vient indéterminé en finale (*'al-mubtada' yakûn maʿrifa muqaddima wa 'l-ḫabar, 'in kâna 'sman mufradan, nakira mu'aḫḫara*).

6.334. Il est permis que l'inchoatif soit indéterminé s'il apporte une information (*yağûz 'an yakûna 'l-mubtada' nakira 'iḏâ kânat mufîda*): *šamsun muḍî'atun ẓaharat* [NP: on rappellera ici qu'en grammaire arabe, lorsqu'une phrase verbale voit ses termes inversés et que l'ancien agent, au lieu de suivre le verbe, le précède, on a un changement complet du statut de la phrase, qui devient alors nominale. Par conséquent, si on dit *ẓaharat šamsun muḍî'atun* on a une phrase verbale. Cette phrase verbale peut être transformée en phrase nominale parce que le mot *šamsun* est précisé par *muḍî'atun* qui apporte donc une information supplémentaire].

6.335. L'informant précède l'inchoatif (*yuqaddim 'l-ḫabar 'alâ 'l-mubtada'*):

– quand l'inchoatif est restreint (*'iḏâ kâna 'l-mubtada' maḥṣûran*): *mâ 'âdilun* ***'illâ 'Allahu*** [N.P: le mot «Allah» est restreint par la particule *'illâ*]. ***'innamâ šuğâ'un*** *'l-fârisu* [NP: le mot «courageux» est restreint par la particule *'innamâ*].

– quand l'informant est génitif ou circonstanciel et que l'inchoatif est indéterminé (*'iḏâ kâna 'l-ḫabar mağrûran 'aw ẓarfan wa 'l-mubtada' nakira*): *fî 'l-bayti liṣṣun, 'indaka qalamun* [NP: il s'agit ici d'un syntagme circonstanciel; le deuxième terme du syntagme est au génitif après le *ḥarf ğârr*].

– quand l'informant fait partie de ce qui a la précédence (*'iḏâ kâna 'l-ḫabar mimmâ kâna lah 'l-ṣadâra*): *'ayna, matâ, kayfa*: *'ayna 'l-ṭarîqu*? *'ayna: 'ism 'istifhâm [lah ṣadâra] ḫabar; 'al-ṭarîq: mubtada'*.

– quand il y a dans l'inchoatif un pronom qui renvoie à l'informant (*'iḏâ kâna fî 'l-mubtada' ḍamîr yarği' 'ilâ 'l-ḫabar*): *fî 'l-dâri ṣâḥibu****hâ****:* ***-hâ*** *ḍamîr râği' 'ilâ 'l-ḫabar*.

6.336. La phrase composée de l'inchoatif et de l'informant est appelée phrase nominale (*'al-ğumla 'l-murakkaba mina 'l-mubtada' wa 'l-ḫabar tusammâ ğumla 'ismiyya*): p.ex. *'al-kasalu 'âqibatuhu 'l-faqru.*

'al-kasalu: *mubtada' 'awwal, marfû' bi-ḍamm 'âḫirih.*

'âqibatuhu: mubtada' ṯânin, marfû' bi-ḍamm 'âḫirih wa 'l-hâ' ḍamîr muttaṣil mabnîy 'alâ 'l-ḍamm, fî maḥall ğarr, muḍâf 'ilayh.

al-faqru: ḫabar 'l-mubtada' 'l-ṯânî, marfû' bi-ḍamm 'âḫirih wa ğumlatu: «'âqibatuh 'l-faqr» ğumla 'ismiyya (murakkaba mina 'l-mubtada' wa 'l-ḫabar) fî maḥall raf', ḫabar 'l-mubtada' 'l-'awwal.

6.337. Les sortes d'informant sont (au nombre de) quatre (*'anwâʿ 'l-ḫabar 'arbaʿ*): substantif isolé, proposition nominale, proposition verbale, simili-proposition (*'ism mufrad, ǧumla 'ismiyya, ǧumla fiʿliyya, šibh ǧumla)*:
– substantif isolé (*'ism mufrad*): *'al-waladâni* ***muhaḏḏabâni*** (*'al-waladâni: mubtada', muhaḏḏabâni: ḫabar).*
– proposition nominale (*ǧumla 'ismiyya*): *'al-kasalu* ***ʿâqibatuhu 'alfaqru*** *('al-kasalu: mubtada'; ʿâqibatuh 'al-faqru: ḫabar).*
– proposition verbale (*ǧumla fiʿliyya)*: *'al-ḥasûdu (mubtada')* ***lâ yasûdu*** *(ḫabar).*
– simili-proposition (*šibh ǧumla*): *ẓarf: 'al-ḥayya (mubtada')* ***taḥta 'l-ʿušbi*** *(ḫabar); ǧârr wa maǧrûr: balâ'u 'l-'insâni (mubtada')* ***mina 'l-lisâni*** *(ḫabar).*

7. Les abrogeants: les verbes défectifs et les verbes d'imminence (*'al-nawâsiḫ: 'al-'afʿâl 'l-nâqiṣa wa 'afʿâl 'l-muqâraba*).

7.338. Les défectifs sont des énoncés qui agissent sur l'inchoatif et l'informant et en modifient le régime: ce sont soit des verbes (les verbes défectifs ou les verbes d'imminence) ou des particules assimilées au verbe (*'al-nawâsiḫ 'alfâẓ tadḫul ʿalâ 'l-mubtada' wa 'l-ḫabar fa-tuġayyir ḥukmahumâ wa hiya 'immâ 'afʿâl ('al-'afʿâl 'l-nâqiṣa wa 'afʿâl 'l-muqâraba) wa 'immâ ḥurûf mušabbaha bi-'l-fiʿl).*

7. 339. Les défectifs, quand ils sont des verbes, agissent sur l'inchoatif et l'informant (*'inna 'l-nawâsiḫ 'iḏâ kânat 'afʿâlan tadḫul ʿalâ 'l-mubtada' wa 'l-ḫabar*) en mettant l'inchoatif au nominatif en tant que nom des défectifs et en mettant l'informant à l'accusatif en tant qu'informant des défectifs (*fa-tarfaʿ 'l-mubtada' ʿalâ 'annah 'ism lahâ fa-tanṣub 'l-ḫabar ʿalâ 'annah ḫabar lahâ: 'al-ǧawwu ṣâfin* > *kâna 'l-ǧawwu ṣâfiyan*: *'al-ǧawwu, 'ism kâna; ṣâfiyan, ḫabar kâna).*

7.340. Les verbes défectifs sont des verbes qui désignent l'état d'une personne ou d'une chose et ne sont pas complets avec leur nominatif (leur nom), mais restent d'un sens défectif jusqu'à ce que soit mentionné leur accusatif (leur informant) qui complète leur sens (*'al-'afʿâl 'l-nâqiṣa 'afʿâl tadull ʿalâ ḥâlat šaḫṣ 'aw šayy' fa-lâ taktafî bi-marfûʿihâ ('ismhâ) lakinnahâ tabqâ nâqiṣata-'l-maʿnâ 'ilâ 'an tuḏkar manṣûbuhâ (ḫabaruhâ) fa-yatimm maʿnâhâ)*: ***kâna*** *'l-raǧulu marîḍan.*

7.341. Les verbes défectifs sont (*'al-'af'âl 'l-nâqiṣa hiya)*: *kâna, 'aṣbaḥa, 'aḍḥâ, ẓalla, 'amsâ, mâ dâma.* (ils peuvent être conjugués à l'accompli, à l'inaccompli et à l'impératif – *tataṣarraf fî 'l-mâḍî wa 'l-muḍâri' wa 'l-'amr*), *mâ zâla, mâ fati'a, mâ bariḥa, mâ 'nfakka* (ils se conjuguent à l'accompli et à l'inaccompli) (*tanṣarif mâḍiyan wa muḍâri'an*) *laysa* (ne se conjugue pas et reste toujours à la forme de l'accompli) (*lâ tataṣarraf fa-tabqâ 'abadan fî ṣîġat 'l-mâḍî*).

7.342. Parfois ces verbes se présentent comme complets (non-défectifs) quand ils désignent un pur événement et non un état, dans ce cas, ils sont complets avec leur seul agent (*qad ta'tî hadihi 'l-'af'âl tâmmatan 'idâ dallat 'alâ ḥadaṯ maḥḍ lâ 'alâ ḥâla, fa-taktafî ḥîna'iḏ bi-fâ'ilihâ*): *wa kâna ('ay ḥadaṯa) laylun* «c'était la nuit» (*kâna: fi'l tâmm, 'al-layl: fâ'il); bâta ('ay nâma laylatahu), (fi'l tâmm) 'al-waladu (fâ'il).*

7.343. L'informant des verbes défectifs est comme l'informant de l'inchoatif (*yakûn ḫabar 'l-'af'âl 'l-nâqiṣa ka-ḫabar 'l-mubtada'*):
– un mot isolé (*mufradan*): *kâna 'l-bardu* ***qârisan****.*
– une proposition verbale *(ğumlatan fi'liyyatan)*: *mâ tazâlu 'l-riyâḥu* ***ta'ṣifu bi-šidda.***
– une proposition nominale (*ğumlatun 'ismiyyatun): kâna 'l-ṯawâbu* ***'aṭrâfuhu mumazzaqatun.***
– une simili-proposition (*šibh ğumla*)*: 'aṣbaḥtum* ***fî ḥuznin šadîdin,*** *kâna 'l-ṣadîqu* ***'indanâ.***

7.344. L'informant des verbes défectifs précède leur nom dans les cas qui ont été mentionnés pour faire précéder l'informant par son inchoatif (voir 7.335) (*yuqaddim ḫabar 'l-'af'âl 'l-nâqiṣa 'alâ 'smihâ fî 'l-'aḥwâl 'allatî marra ḏikruhâ fî taqdîm 'l-ḫabar 'alâ 'l-mubtada'*).

7.345. On peut faire l'ajout de *bi* à l'informant des verbes défectifs suivants (*yağûz ziyâdat 'l-bâ' 'alâ ḫabar 'l-'af'âl 'l-nâqiṣa 'l-'âtiya)*:
– ***kâna*****:** s'il est précédé d'une négation (*iḏâ taqaddamahâ nafy*): *mâ* ***kâna*** *'Allahu* ***bi****-ẓâlimin.*
– *laysa*: ***laysa*** *'Allahu* ***bi****-ẓâlimin.*

L'informant est analysé ainsi: *bi-ẓâlim:* le *bi* est une particule du génitif affixée; *ẓâlim* est génitif formellement mais accusatif par position car il est informant de *kâna* ou de *laysa* (*wa yu'rab 'l-ḫabar hâkaḏâ: bi-ẓâlim: al-bâ' ḥarf ğarr zâ'id wa ẓâlim mağrûr lafẓan wa manṣûb maḥallan 'alâ 'annah ḫabar kâna 'aw laysa*).

7.346. ***kâna*** se distingue de toutes ses sœurs par le fait que (*tamtâz kâna ʿan sâʾir ʾaḫawâtihâ bi-ʾannahâ*):
– il peut être ajouté après le *mâ* d'exclamation [NP: dans ce cas, il s'agit d'un *kâna zâʾida*], c'est-à-dire additionnel et non abrogeant (voir *infra* 10.373) et ce *kâna* n'est pas en position d'être fléchi (*tuzâd baʿda mâ 'l-taʿağğubiyya fa lâ maḥall lahâ mina 'l-ʾiʿrâb*): *mâ (kâna) ʾağmalahu, mâ (yakûnu) ʾaṭwalahu.* [NP: Les propositions en position d'être fléchies, et donc d'avoir un cas virtuel, sont celles dont une partie peut être analysée comme un mot isolé: proposition informante, *al-ẓulmu* ***martaʿuhu waḫîmun***, l'informant est en situation de nominatif; proposition circonstancielle: *ğâʾa 'l-fârisu* ***yarkuḍu*** (le verbe-proposition est en situation d'accusatif circonstanciel) = *ğâʾa 'l-fârisu* ***râkiḍan***; proposition complément d'objet direct: *qul* ***ʾinna 'l-ʾaʿmâla bi 'l-niyyâti*** (en position d'accusatif); proposition en état d'annexion: *ʾusâfiru yawma* ***huwa musâfirun*** = ***safarihi***; la proposition qui suit un nom singulier: *ğâʾa rağulun* ***yataṣaddaqu*** (le verbe est en position de nominatif) = ***mutaṣaddiqun***; la proposition qui suit la proposition en position d'être fléchie: *'al-ʿilmu yanfaʿu* ***wa yarfaʿu***: en position de nominatif (= *nâfiʿ wa râfiʿ*).; la proposition-réponse dans une conditionnelle à l'apocopé introduite par *fa* ou par *ʾiḏan*: *man lam yağtahid* ***fa lam yanğaḥ***; *ʾin tuṣib sayyiʾa* ***ʾiḏan hum yaqnaṭûna*** (en position de nominatif informant)].
– *kâna* peut être retranché avec son nom après *ʾin* et *law* conditionnels (*tuḥḏaf maʿa smihâ baʿda «ʾin» wa «wa law» 'l-šarṭiyyatayni*): *satuğâzâ ʾin (kâna ʿamaluka) ḫayran wa ʾin (kâna ʿamaluka) šarran, 'al-ẓâlimu hâlikun wa law (kâna ʾl-ẓâlimu) malikan.*

7.347. Les verbes de proximité sont des verbes qui désignent la proximité de l'occurrence d'un événement quelconque ou la probabilité de sa survenance ou le commencement de l'action et ils nécessitent, comme les verbes défectifs, un accusatif (leur informant) par lequel sera complété le sens de leur nominatif (leur nom) (*ʾafʿâl 'l-muqâraba ʾafʿâl tadull ʿalâ qurb wuqûʿ ḥadaṯ mâ ʾaw rağâʾ wuqûʿih ʾaw 'l-šurûʿ fî 'l-ʿamal wa hiya taḥtâğ miṯl 'l-ʾafʿâl 'l-nâqiṣa ʾilâ manṣûb (ḫabarihâ) yatimm bih maʿnâ marfûʿihâ ('ismhâ)): kâda 'l-waladu yağraqu ʾay: qaruba ġaraquhu; ğaʿala 'l-waladu yadrusu ʾay: 'ibtadaʾa yadrusu.*

7.348. Les verbes de proximité sont (*'afʿâl 'l-muqâraba hiya*):
– *kâda, karaba, ʾawšaka* (ils indiquent la proximité de la survenance de l'informant: *tadull ʿalâ qurb wuqûʿ 'l-ḫabar)* [NP: ce sont des verbes d'imminence].

– *ʾiḫlawlaqa, ḥarâ, ʿasâ*, ils indiquent la probabilité de la survenance de l'informant (*tadull ʿalâ rağâʾ wuqûʿ 'l-ḫabar).*
– *ʾaḫaḏa, ğaʿala, šaraʿa, ṭafiqa, ʿâqa, habba,* ils indiquent le commencement dans l'informant (*tadull ʿalâ šurûʿ fî 'l-ḫabar*).

7.349. Ces verbes peuvent se présenter comme des intransitifs ou des transitifs et leur régime sera celui de tous les verbes (*qad taʾtî haḏihi 'l-ʾafʿâl lâzimatan aw mutaʿaddiyatan fa-yakûn ḥukmuhâ ka-ḥukm sâʾir 'l-ʾafʿâl): ʾaḫaḏtu 'l-kitâba ʿani 'l-ṭâwilati, ğaʿaltuhu muḥâmiyan ʿannî.*

7.350. L'informant des verbes de proximité sera toujours un verbe inaccompli (*yakûn ḫabar ʾafʿâl 'l-muqâraba dâʾiman fiʿlan muḍâriʿan*): ***kâda*** *'l-waladu yaġraqu: 'al-waladu, 'ism kâda; yaġraqu: ğumla fiʿliyya, ḫabar.*

8. Les abrogeants: les particules assimilables aux verbes (*'al-nawâsiḫ: al-ʾaḥruf 'l-mušabbaha bi-'l-fiʿl*).

8.351. Les particules assimilables aux verbes sont des abrogeants qui agissent sur l'inchoatif et l'informant (*'al-ʾaḥruf 'l-mušabbaha bi-'l-fiʿl nawâsiḫ tadḫul ʿalâ 'l-mubtadaʾ wa 'l-ḫabar*):
– elles mettent l'inchoatif à l'accusatif bien qu'il soit leur nom (*fa-tanṣub 'l-mubtadaʾ ʿalâ ʾannah 'ism lahâ*): *'al-bardu qârisun > ʾinna 'l-barda qârisun ('l-barda*: *'ism ʾinna, qârisun: ḫabar ʾinna).*
– elles mettent l'informant à l'accusatif bien qu'il soit informant [NP: et requiert normalement par son statut le nominatif]. (*wa tarfaʿ 'l-ḫabar ʿalâ ʾannah ḫabar lahâ).*

8.352. Les particules assimilables aux verbes sont 6 (*'al-ʾaḥruf 'l-mušabbaha bi-'l-fiʿl sitta wa hiya*): *ʾinna, ʾanna, kaʾanna, lâkinna, layta, laʿalla.*

8.353. Ces particules sont appelées assimilables aux verbes du fait de l'existence d'un sens verbal en elles (*summiyat haḏihi 'l-ʾaḥruf mušabbaha bi-'l-fiʿl li-wuğûd maʿnâ 'l-fiʿl fîhâ*): *ʾinna,ʾanna*: la corroboration (*'al-tawkîd*); *lâkinna*: la restriction (*'al-'istidrâk), kaʾanna*: l'assimilation (*'al-tašbîh*), *layta*: le souhait (*'al-tamannî*), *laʿalla*: l'espoir (*'al-tarağğî*).

8.354. Si un *mâ* augment est suffixé à ces particules, elle les dispense de rection et il est permis de les accoler aux noms et aux verbes (*ʾiḏâ laḥiqat mâ 'l-zâ'ida hadihi 'l-'aḥruf kaffathâ ʿan 'l-ʿamal wa ǧâza duḫûluhâ ʿalâ 'l-'asmâ' wa-'l-'afʿâl*): *'inna**mâ** 'l-ṣabru mufîdun, 'inna**mâ** daʿawtuka li-'aʿizaka.*

8.355. L'informant des particules assimilables au verbe est (*yakûn ḫabar 'l-'aḥruf 'l-mušabbaha bi-'l-fiʿl*):
– un [NP: nom ou adjectif] singulier (*mufradan*): *'inna '(A)llaha* ***raḥîmun.***
– une proposition verbale (*ǧumla fiʿliyya*): *laʿalla 'l-tilmîda* ***yanǧaḥu.***
– une proposition nominale (*ǧumla 'ismiyya*): *'inna 'l-ẓulma* ***martaʿuhu waḫîmun.***
– une simili-proposition (*šibh ǧumla*): *'inna 'aḫî fî 'l-madrasa.*

8.356. Il **faut** faire passer avant l'informant de ces particules leur nom si l'informant est circonstanciel ou génitif (*yaǧib taqdîm ḫabar hadihi 'l-'aḥruf ʿalâ 'smihâ 'idâ kâna 'l-ḫabar ẓarfan 'aw maǧrûran*):
– (Quand) le nom est indéterminé (*wa 'l-'ism nakira*): *'inna* ***maʿa 'l-ʿusri*** *(ḫabar 'inna) yusran. ('ism 'inna).*
– (Quand) le nom en état d'annexion est un pronom qui renvoie à l'informant (*wa 'l-'ism muḍâf 'ilayh ḍamîr yaʿûd 'ilâ 'l-ḫabar*).: *'inna* ***fî 'l-dâri*** *ṣâḥiba**hâ.***

8.357. On **peut** faire passer avant l'informant de ces particules leur nom si l'informant est circonstanciel ou génitif (*yaǧûz taqdîm ḫabar hadihi 'l-'aḥruf ʿalâ 'smihâ 'idâ kâna 'l-ḫabar ẓarfan 'aw maǧrûran) wa 'l-'ism maʿrifa*) (quand) le nom est déterminé: *'inna fî 'l-ṣawmi (ḫabar 'inna) ṣiḥḥata 'l-badni ('ism 'inna)* ou (*'aw*): *'inna ṣiḥḥata 'l-badni ('ism 'inna) fî 'l-ṣawm (ḫabar 'inna).*

8.358. Le *hamza* de *'nna* porte la voyelle /i/ (*tuksar hamzat 'nna*)
– au début de l'énoncé (*fî 'btidâ' 'l-kalâm*): *'inna '(A)llaha ġafûrun.*
– après le verbe «dire» (*baʿda 'l-fiʿl qâla*): ***qultu*** *'innaka wadûdun.*
– après la recommandation (*baʿda 'l-ṭalab*): *'afiq 'inna 'l-faǧra qad ṭalaʿa, lâ taḥṭa' 'inna '(A)llaha mustaqîmun.*
– après le vocatif (*baʿda 'l-nidâ'*): ***yâ*** *Buṭrusu 'innaka takfuru bî.*
– après *ṯumma*: ***ṯumma*** *'innahu nahaḍa fatakallama.*
– après *ḥayṯu*: ***min ḥayṯu*** *'innahu ʿâlimun ḫaṭaba bi-faṣâḥa.*
– après *'iḏ*: *tub* ***'iḏ 'inna*** *'(A)llaha râḥimun.*
– après *'a lâ* d'introduction [NP: du discours]: ***'a lâ*** *'inna 'l-dunyâ ka-'aḥlâmi nâ'imin?*

8.359. Le *hamza* de *ʾnna* prend la voyelle /a/ quand il peut [NP: c'est-à-dire le *hamza* et la proposition nominale qui le suit] être interprété [NP: c'est-à-dire remplacé par] avec son informant par un *maṣdar* (*tuftaḥ hamzat ʾnna ʾiḏâ taʾawwalat maʿa ḫabarihâ bi-maṣdar*):
– en situation de nominatif (*fî maḥall rafʿ*): *balaġanî* ***ʾannaka râḥilun*** *(= balaġanî* ***raḥîluka****)* ***ʾannaka râḥilun****: fâʿil* (agent); *sumiʿa* ***ʾanna ʾl-ʿaskara manṣûrun*** *(= sumiʿa* ***naṣru*** *ʾl-ʿaskari).* ***ʾanna ʾl-ʿaskara manṣûrun****: nâʾib fâʿil; raʾyî* ***ʾannaka tansaḥibu min hâḏâ ʾl-ʾamri*** (*=raʾyî* ***ʾnsiḥâbuka****).* ***annaka tansaḥibu min hâḏâ ʾl-ʾamri****: ḫabar* (informant).
– en situation d'accusatif (*fî maḥall naṣb*): *ʿaraftu* ***ʾannaka qâdimun*** *(= ʿaraftu* ***qudûmaka****).* ***ʾannaka qâdimun****: mafʿûl bih* (complément d'objet direct). [NP: *fî maḥall naṣb*].
– en situation de génitif (*fî maḥall ǧarr*): *taʿallam fî ṣiġarika* ***liʾanna ʾl-waqta qaṣîrun*** (*=li-****qaṣri*** *ʾl-waqti*) ***liʾanna ʾl-waqta qaṣîrun****:maǧrûr bi-ʾl-lâm.* [NP: *fî maḥall ǧarr*].

8.360. Le **la** d'introduction [NP: d'un *ḫabar*] (pour la corroboration) implique le nom de *ʾinna* et son informant quand il est postposé (*ʾinna «lâm» ʾl-ʾibtidâʾ [li-ʾl-taʾkîd] tadḫul ʿalâ ʾism ʾinna wa ḫabarihâ ʾiḏâ taʾaḫḫara*): *ʾinna ʾ(A)llaha (****la****) ġafûrun* (*ġafûrun: ḫabar*); *ʾinna Rabbaka (****la****) yašhadu* (*yašhadu*: *ǧumla ḫabar*); *ʾinna fî ʾl-dâri (****la****) Zaydan (Zaydan: ʾism ʾinna muʾaḫḫar).*

8.361. *Lâ* est ajouté aux particules assimilables aux verbes et a la même rection. Il est appelé (le *lâm* de) négation de l'espèce car il nie tous les membres de l'espèce (*tulḥaq «lâ» bi-ʾl-ʾaḥruf ʾl-mušabbaha bi-ʾl-fiʿl fa-taʿmal ʿamalahâ. wa tusammâ ʾl-nâfiyata li-ʾl-ǧins li-ʾannahâ tanfî kulla ʾafrâd ʾl-ǧins*): *lâ raǧul****a*** *ḥâḍir****un*** *(ʾay lâ wâḥida)* et il n'est pas permis de dire: *lâ raǧula ḥâḍirun bal raǧulayni.*[NP: cela signifie que quand on dit «**aucun** homme n'est présent», on nie l'espèce «hommes» dans sa totalité, et il n'est pas possible d'y apporter une exception dans la même phrase, par contre, lorsque *lâ* est employé au sens de *laysa*, on peut ajouter une exception dans la même phrase et il n'y a pas négation de l'espèce: *laysa raǧulun bal raǧulâni* «il n'y a pas un homme mais deux» (litt. «un homme n'est pas mais deux».) On observe donc que dans *lâ raǧul****a*** *ḥâḍir****un*** **«il n'y a aucun homme présent»**, *raǧul****a*** est traité comme un *ʾism lâ* et *ḥâḍir****un*** comme un *ḫabar lâ*, c'est pourquoi on dira que ce *lâ* est assimilable aux particules (comme *ʾinna*) assimilables aux verbes. On ajoutera aussi que quand le nom de *lâ* est immédiatement suivi d'un adjectif, celui-ci peut être à l'accusatif déterminé ou indéterminé ou au nominatif indéterminé: *lâ rağula ẓarîfa* ou *ẓarîfan* ou *ẓarîfun ʿindanâ*. Si l'adjectif ne suit pas immédiatement, il ne peut être qu'accusatif ou nominatif indéterminé et non pas accusatif déterminé: *lâ rağula ʿindanâ ẓarîfan* ou *ẓarîfun*. On notera aussi qu'au cas où *lâ* est répété, on peut avoir facultativement les 4 formules suivantes: *lâ ḥawla wa lâ quwwata ʾillâ bi-'l-llahi, lâ ḥawlun wa lâ quwwatun ʾillâ bi-'llahi, lâ ḥawla wa lâ quwwatun ʾillâ bi-'llahi, lâ ḥawlun wa lâ quwwata ʾillâ bi-'llahi*].

8.362. Voici la règle du nom de *lâ* négateur de l'espèce (*ʾilayka ḥukm 'ism «lâ» 'l-nâfiya li-'l-ğins*):
– il est mis à l'accusatif comme le nom de *ʾinna* quand il est annexé (*yunṣab ka-'ism ʾinna ʾiḏâ kâna muḍâfan*): *lâ kitâb**a** safâhatin mamdûḥun*. Son analyse flexionnelle (*ʾiʿrâbuh*): *kitâba*: nom de «*lâ*» négateur de l'espèce, accusatif avec le /a/ de sa finale (*'ism «lâ» 'l-nâfiya li-'l-ğins manṣûb bi-fatḥ ʾâḫirih*).
– il est construit invariablement [NP: ce qui signifie qu'il n'a pas le système des 3 voyelles brèves finales de cas] sur ce avec quoi il est mis à l'accusatif s'il n'est pas annexant (*yubnâ ʿalâ mâ yunṣab bih ʾin lam yakun muḍâfan*): *lâ zâʾirîna ʿindakum*. Son analyse flexionnelle (*ʾiʿrâbuh*): *zâʾirîna*: nom de *lâ* négateur de l'espèce, construit invariablement sur le *yâʾ* parce qu'il est un pluriel masculin intègre, en situation d'accusatif (*'ism «lâ» 'l-nâfiya li-'l-ğins, mabnîy ʿalâ 'l-yâʾ (*zâʾiriyna) li-ʾannah ğamʿ muḏakkar sâlim, fî maḥall naṣb*).

Le nom est mis à l'accusatif dans 12 cas (*yunṣab 'l-'ism fî 'ṯnatay ʿašara mawḍiʿan*): s'il est complément d'objet direct (*ʾiḏâ kâna mafʿûlan bih*), s'il est complément absolu (*ʾiḏâ kâna mafʿûlan muṭlaqan*), s'il est complément de cause/but (*ʾidâ kâna mafʿûlan li-ʾağlih*), s'il est complément circonstanciel de lieu/temps (*ʾiḏâ kâna mafʿûlan fîh*), s'il est complément circonstanciel d'accompagnement introduit par *maʿa* (*ʾiḏâ kâna mafʿûlan maʿah*), s'il est un excepté (*ʾiḏâ kâna mustaṯnan*), s'il est un complément circonstanciel de manière (*ʾiḏâ kâna ḥâlan*), s'il est un spécificatif (*'iḏâ kâna tamyîzan*), s'il est un vocatif (*ʾiḏâ kâna munâdan*), s'il est un informant de *kâna* et de ses sœurs (*ʾiḏâ kâna ḫabaran li-kâna wa 'aḫawâtihâ*), s'il est un informant de *kâda* et de ses sœurs (*ʾiḏâ kâna ḫabaran li-kâda wa ʾaḫawâtihâ*), s'il est un nom de *ʾanna*/*ʾinna* et de ses sœurs (*ʾiḏâ kâna ʾsman li ʾnna wa ʾaḫawâtihâ*).

9. Les situations d'accusatif du nom: le complément d'objet direct (*mawâḍiʿ naṣb 'l-'ism: 'al-mafʿûl bih*).

9.363. Le complément d'objet direct est un nom qui désigne ce sur quoi retombe l'action de l'agent bien que la forme du verbe n'en soit pas affectée (*'al-maf'ûl bih huwa 'smun dalla 'alâ mâ waqa'a 'alayh fi'l 'l-fâ'il wa lam tuġayyar li-'ağlih ṣûrat 'l-fi'l*): *barâ 'l-tilmîḏu qalaman* [NP: il existe un complément d'objet direct dans lequel la forme du verbe est affectée par la présence du c.o.d: c'est le *fi'l 'l-ta'ağğub* (*mâ* ***'ağmala*** *manẓara 'l-riyâḍi*): ici le verbe qui précède le c.o.d ne peut avoir que la forme *'af'ala*].

9.364. Il est permis dans (le cas du) c.o.d qu'il précède l'agent ou le suive (*yağûz fî 'l-maf'ûl bih 'an yataqaddam 'alâ 'l-fâ'il 'aw yata'aḫḫar 'anh*): *banâ 'Ibrâhîmu 'l-bayta* ou *banâ 'l-bayta 'Ibrâhîmu*, sauf que dans certains cas, il faut que l'agent précède et dans d'autres cas que le c.o.d précède (*'illâ 'annah yağib fî ba'ḍ 'l-'aḥyân taqdîm 'l-fâ'il wa fî ġayrihâ taqdîm 'l-maf'ûl bih*).

9.365. Il faut que l'agent précède le c.o.d (*yağib taqdîm 'l-fâ'il 'alâ 'l-maf'ûl bih*):
– en cas de confusion [NP: confusion possible entre des mots qui peuvent jouer à la fois le rôle d'agent et de c.o.d] (*'inda 'l-'iltibâs*): *ḍaraba fatâka 'aḫî* [NP: cette phrase ne peut que signifier: «ton jeune homme a frappé mon frère» en vertu de la présente règle. Si celle-ci n'existait pas, le caractère facultatif du rôle joué par *fatâka* (agent ou c.o.d) entraînerait une ambiguïté grave, car la phrase pourrait aussi bien signifier: «ton jeune homme a frappé mon frère» que «mon frère a frappé ton jeune homme»].
– quand l'agent est un pronom joint (*'iḏâ kâna 'l-fâ'il ḍamîran muttaṣilan*): *'akram**ta** 'l-rasûla.*
– quand le c.o.d est restreint [NP: par une particule de restriction] (*matâ kâna 'l-maf'ûl bih maḥṣûran*): *lâ* ***yunâlu*** *'l-muğtahidu 'illâ* ***nağâḥan***.

9.366. Il faut que le c.o.d précède l'agent (*yağib taqdîm 'l-maf'ûl bih 'alâ 'l-fâ'il*):
– quand un pronom personnel (annexé à) l'agent rappelle le c.o.d: (*matâ 'âda 'ilâ 'l-maf'ûl bih ḍamîr fî 'l-fâ'il*):*karrama* ***'l-sayyida*** *'abdu**h**.*
– quand le c.o.d est un pronom personnel joint (*matâ kâna 'l-maf'ûl bih ḍamîran muttaṣilan*): *'aḏḏaba**nî** 'l-maraḍu.*
– quand l'agent est restreint [NP: par une particule de restriction] (*matâ kâna 'l-fâ'il maḥṣûran*): *mâ* ***'âlağa*** *'l-marîḍa 'illâ* ***'l-ṭabîbu***.

9.367. Il faut que le c.o.d précède à la fois le verbe et l'agent (*yağib taqdîm 'l-maf'ûl bih 'alâ 'l-fi'l wa 'l-fâ'il ma'an*):

– quand le c.o.d fait partie des mots qui ont la précédence et qui sont (*'iḏâ kâna 'l-maf'ûl bih mina 'l-'alfâẓ 'allatî lahâ 'l-ṣadâra wa hiya)*:
– les noms de condition (*'asmâ' 'l-šarṭ*): ***mâ*** *taf'al mina 'l-ḫayri tukram 'alayhi,* ***man*** *tukrim 'ukrim,* ***'ayyan*** *tusâ'id 'usâ'id.* [NP: rappelons que l'agent de *taf'al, tukrim, tusâ'id* est *mustatir* c'est-à-dire «caché» dans le verbe].
– les noms d'interrogation (*'asmâ' 'l-'istifhâm*): ***man*** *ra'ayta?* ***mâ*** *turîdu?*
– quand le c.o.d est un pronom personnel séparé (*'iḏâ kâna 'l-maf'ûl bih ḍamîran munfaṣilan*): *'iyyâ**ka** 'a'budu.*

9.368. Un seul verbe peut être transitif avec deux compléments (d'objet) ou davantage (*qad yata'addâ 'l-fi'l 'l-wâḥid 'ilâ maf'ûlayn 'aw 'akṯar*); ceci particulièrement après des verbes dans lesquels domine la notion de «donner»; (on trouve) parmi ceux-ci (*wa ḏalika ḫâṣṣatan ba'da 'af'âl yaġlib 'alayhâ ma'nâ 'l-'aṭâ' minhâ*): *manaḥa, wahaba, 'a'ṭâ, razaqa, sa'ala, ṣana'a, kasâ, 'albasa, 'aṭ'ama, saqâ, 'allama, ṣayyara, ḥawwala, ǧa'ala*: p.ex. *'aṭâ 'l-ġaniyyu 'l-faqîra raġîfan; razaqa '(A)llahu 'l-ḫayyira mâlan.*

10. Annexe du c.o.d: l'admiration (*mulḥaq 'l-maf'ûl bih: 'al-ta'aǧǧub*)

10.369. (L'expression) de l'admiration a deux formes: *'af'ala* et *'af'il* (*li-'l-ta'aǧǧub ṣîġatân: 'af'ala wa 'af'il*).

10.370. Les deux verbes d'admiration sont construits de la même manière que le *'af'al* de préférence (*yubnâ fi'lâ 'l-ta'aǧǧub mimmâ yubnâ minh 'af'al 'l-tafḍîl*), [voir I, 16.118-16.122].

10.371. La règle de *'af'ala* est que, après le *mâ* d'admiration, suive l'admiré à l'accusatif à cause du fait qu'il est c.o.d (*ḥukm 'af'ala 'an yaqa'a ba'da mâ 'l-ta'aǧǧubiyya yatba'uh 'l-muta'aǧǧab minh manṣûban 'alâ kawnih maf'ûlan bih*): *mâ 'aǧmala manẓar**a** 'l-riyâḍi.*

10.372. La règle de *'af'il* est que l'admiré le suive au génitif avec un *bâ'* additionnel [NP: le *bâ'* additionnel est celui qui a une connotation de corroboration comme dans *wa kafâ* ***bi-****'(A)llahi naṣîran*] (*ḥukm 'af'il 'an yatba'ah 'l-muta'aǧǧab minh maǧrûran bi-bâ' 'l-zâ'ida*): *'aǧmil bi-manẓari 'l-riyâḍi.*

10.373. L'admiration au passé se fera par l'introduction de *kâna* additionnel entre *mâ* et *'af'ala* (*yakûn 'l-ta'aǧǧub min 'l-mâḍî bi-'idḫâl kâna zâ'ida bayna mâ wa 'af'ala*): *mâ kâna 'aḥsana manẓara 'l-riyâḍi* [NP: Le *kâna zâ'ida* est un verbe qui n'est pas «abrogeant» (*nâsiḫ*) c'est-à-dire qui n'a pas pour effet de modifier le régime normal de la phrase nominale, comme dans *kâna 'l-rağulu kabîran*, mais qui a pour seul effet d'indiquer le temps passé. Ce *kâna zâ'ida* apparaît essentiellement pour le passé du *ta'ağğub*: en effet, dans *mâ kâna* ***'aḥsana*** *manẓara 'l-riyâḍi*, *'aḥsana* ne peut être considéré comme étant «en situation d'accusatif» comme *ḫabar* de *kâna*]. L'admiration au futur se fera par l'introduction de *yakûnu* additionnel entre *mâ* et *'af'ala* (*wa yakûn 'l-ta'ağğub min 'l-mustaqbal bi-'idḫâl yakûn zâ'ida bayna mâ wa 'af'al*): *mâ* **yakûnu** *'aḥsana manẓara 'l-riyâḍi.*

11. Annexe au c.o.d: la suppléance (*mulḥaq 'l-maf'ûl bih: 'al-'ištiġâl*).

11.374. La suppléance est le fait de mettre un nom avant un verbe qui exerce la rection sur le pronom de rappel se rapportant à ce nom et le pronom supplée au nom par rapport au verbe (*'al-'ištiġâl taqdîm 'ism 'alâ fi'l ya'mal fî ḍamîr 'â'id 'ilâ ḏalika 'l-'ism fa-šuġila 'anh 'l-fi'l bi-'l-ḍamîr*).

11.375. Le nom placé en tête (de la phrase) est appelé le suppléé (*yusammâ 'l-'ism 'l-mutaqaddim 'l-mašġûl 'anh*) [NP: ceci implique que «ce qui supplée à», «le suppléant», soit: le verbe suivi du pronom de rappel] est le *mašġûl* proprement dit. [Voir la définition d'*al-Ḫalîl*, p. 77: *al-'ištiġâl 'an yataqaddama 'smun,* ***'al mašġûl 'anhu*** *'alâ 'âmil,* ***'al-mašġûl****, min ḥaqqih 'an yanṣibah (...) lah ḍamîr ya'ûd 'alâ 'l-mašġûl 'anh, naḥwa: Zaydun ḍarabtuh, Zaydun ḍarabtu 'aḫâh*].

11.376. Il faut mettre le suppléé à l'accusatif quand il se présente **après** (*yağib naṣb 'l-mašġûl 'anh 'iḏâ waqa'a ba'da*):
– les instruments de condition (*'adawât 'l-šarṭ*): *'ini 'l-'ilm****a*** *ḫadamtahu nafa'aka, ḥayṯumâ 'l-faqîr****a*** *wağadtahu fa-'aḥsin 'ilayhi.*
– la proposition (*'al-'arḍ*): *'a lâ 'l-tilmîḏ****a*** *'l-muğtahida tukâfi'ûnahu*?
– l'incitation (*'al-taḥḍîḍ*): *hallâ ḫayr****a*** *nafsika turîduhu*?
– le *hal*: *hal Salîm****an*** *'ahantahu?*

11.377. Si le suppléé est mis à l'accusatif, il est complément d'objet direct d'un verbe retranché que restitue le verbe apparent (*'iḏâ kâna 'l-mašġûl 'anh manṣûban yakûn maf'ûlan bih li-fi'l maḥḏûf yufassiruh 'l-fi'l 'l-ẓâhir*): *hali 'l-ṯamar****a*** *'akaltahu* = *hal* (*'akalta*) *'l-ṯamar****a*** *'akal-*

tahu? [NP: cette explication qui recourt à un verbe sous-entendu ou «retranché» pour justifier l'accusatif du suppléé est en quelque sorte une conséquence logique de l'importance primordiale accordée en grammaire arabe traditionnelle à l'ordre des mots dans la phrase. On rappellera que pour cette grammaire, *qara'a 'l-waladu 'l-kitâba* est une proposition verbale tandis que *'al-waladu qara'a 'l-kitâba* est une proposition nominale, car elle **commence** par un nom.].

11.378. Il faut mettre le suppléé au nominatif quand il apparaît (*yağib raf' 'l-mašġûl 'anhu 'iḏâ waqa'a*):
– **après** le *'iḏâ* d'événement soudain (*ba'da 'iḏâ 'l-fuğâ'iyya*): *daḫaltu 'l-bayta fa-'iḏâ 'l-walad**u** yuwabbiḫuhu 'abûhu.*
– **après** le *wâw* circonstanciel de manière (*ba'da wâw 'l-ḥâl*): *sâfartu wa 'l-ša'b**u** yanhâhu 'l-ḫaṭîbu 'an 'l-ḥarbi.*
– **avant** les instruments de condition, d'interrogation, de proposition, d'incitation, le *la* de commencement, le *mâ* négatif, le *lam* informant, les particules abrogeantes et relatives (*qabla 'adawât 'l-šarṭ wa 'l-'istifhâm wa 'l-'arḍ wa 'l-taḥḍîḍ wa lâm 'l-'ibtidâ' wa mâ 'l-nâfiyya wa lam 'l-ḫabariyya wa 'l-ḥurûf 'l-nâsiḫa wa 'l-mawṣûl*).[NP: p.ex. *'al-waladu matâ ra'aytahu? 'al-waladu mâ ra'aytuhu, «'al-waladu matâ ra'aytahu? 'al-waladu mâ ra'aytuhu», 'al-waladu la-ra'aytuhu, 'al-waladu 'iḏan ra'aytuhu* etc.]

11.379. Si le suppléé est au nominatif, il est inchoatif et la proposition verbale après lui est en situation de nominatif et est son informant (*'iḏâ kâna 'l-mašġûl 'anh marfû'an yakûn mubtada'an wa 'l-ğumla 'l-fi'liyya ba'dah fî maḥall raf' ḫabaruh).* [NP: p.ex. *'al-waladu (mubtada') ra'aytuhu (ḫabar)*].

11.380. Il est permis de mettre le suppléé au nominatif ou à l'accusatif en dehors des conditions qui ont été énoncées ci-dessus (*yağûz raf' 'l-mašġûl 'anh wa naṣbuh fî ġayr 'l-šurûṭ 'allatî taqaddama ḏikruhâ*): *'al-tuffâḥat**u*** ou *'al-tuffâḥat**a** 'akaltuhâ.*

12. Situations de mise du nom à l'accusatif (*mawâḍi' naṣb 'l-'ism*): le complément absolu (*'al-maf'ûl 'l-muṭlaq*).

12.381. Le complément absolu est un infinitif qu'on mentionne après un verbe de même racine (*'al-maf'ûl 'l-muṭlaq huwa maṣdar yuḏkar ba'da fi'l min lafẓih*):

– pour le corroborer (*li-ta'kîdih*): *qatala 'l-ḥârisu 'l-liṣṣa* ***qatlan***. On l'appelle complément absolu de corroboration (*wa yusammâ maf'ûlan muṭlaqan mu'akkidan*).
– pour expliciter son espèce (*li-bayân naw'ih*): *'iṣbir* ***ṣabran ǧamîlan***; *qultu lahu* ***qawla 'l-naṣîḥi***. On l'appelle complément absolu de clarification de l'espèce (*wa yusammâ maf'ûlan muṭlaqan mubayyinan li-'l-naw'*).
– pour expliciter sa quantité (*li-bayân 'adadih*): *daqqati 'l-sâ'atu* ***daqqatayni***. On l'appelle complément absolu explicitant la quantité (*wa yusammâ maf'ûlan muṭlaqan mubayyinan li-'l-'adad*).

12.382. Si le complément absolu est de corroboration, son synonyme en tient lieu (*'iḏâ kâna 'l-maf'ûl 'l-muṭlaq mu'akkidan yanûb 'anh murâdifuh*): *qumtu* ***wuqûfan*** [NP: *wuqûfan* a le même sens que *qiyâman* «fait de se lever, érection», donc *qumtu wuqûfan* «je me suis dressé debout» est absolument équivalent à *qumtu qiyâman*, bien que *wuqûfan* ne soit pas de la même racine. Il y a donc une exception à la règle énoncée plus haut: *'al-maf'ûl 'l-muṭlaq huwa maṣdar yuḏkar ba'da fi'l* ***min lafẓih***. *yanûb 'anhu* signifie donc ici: «qui tient lieu de, qui a la même fonction dans la phrase»].

12.383. Si le complément absolu est «d'explication», ce qui en tient lieu est (*'iḏâ kâna 'l-maf'ûl 'l-muṭlaq mubinân tanûb 'anh*):
– l'adjectif épithète (*'al-ṣifa*): *'uḏkurû '(A)llaha* ***kaṯîran***.
– le(s) mot(s) *kull* et *ba'ḍ* (*lafẓ kull wa ba'ḍ*): *mâla* ***kulla*** *'l-mayli wa ta'aṯṯara* ***ba'ḍa*** *'l-ta'aṯṯuri*.
– le nom de démonstration (*'ism 'l-'išâra*):*qâla* ***ḏalika*** *'l-qawla*.
– le nom de nombre (*'ism 'l-'adad*): *ǧulida 'l-sâriqu* ***'ašra*** *ǧaladâtin*.
– le nom d'instrument (*'ism 'l-'âla*): *ḍarabtuhu* ***sawṭan*** [NP: Il y a ici, du point de vue de la linguistique, une confusion entre la nature d'un mot, p.ex. adjectif épithète, et sa fonction dans la phrase, p.ex. complément d'un verbe. On s'aperçoit que plusieurs de ces «compléments» absolus sont traduits en français par des *adverbes*, catégorie qui renvoie à la *nature* du mot dans les langues européennes («mentionnez *fréquemment* le nom de Dieu», «il pencha *complètement*»). Cette catégorie d'adverbe est inexistante dans la terminologie arabe bien que la fonction adverbiale, entendue au sens des langues européennes, existe en fait en arabe. Quant au nom de nombre et au nom d'instrument, il s'agit là aussi de confusion entre nature et fonction: «de dix coups» et «d'un fouet», ne peuvent être définis par leur *nature* d'objet, car celle-ci est trop limi-

tée et pas assez générale, mais plutôt par leur *fonction*, qui est celle d'un complément circonstanciel ou indirect. Certes, les grammairiens arabes parlent ici d'une sorte de complément, mais, si la notion de complément absolu peut se défendre pour le renforcement ou la quantité, où ce sont des notions précises, l'extension au nom de nombre, de démonstration, etc. paraît abusive, car ici la dénomination «absolu» n'a plus rien à voir avec la notion originelle. À notre sens, il s'agit d'un cas d'extension abusive de la méthode analogique].

13. Les occurrences de l'accusatif du nom (*mawâḍiʿ naṣb-'l-'ism*): le complément de cause/but (*'al-mafʿûl li-ʾaǧlih*).

13.384. Le complément circonstanciel de cause/but est un *maṣdar* qui est mentionné après le verbe pour expliquer sa cause (*'al-mafʿûl li-ʾaǧlih huwa maṣdar yuḏkar baʿda 'l-fiʿl li-bayân ʿillatih*): *waqafa 'l-ǧundu* ***ʾiǧlâlan*** *li-'l-ʾamîri*: le mot *ʾiǧlâlan* explique la raison pour laquelle les soldats se sont mis au garde-à-vous (*fa-kalimat 'l-ǧund tuḍîḥ 'l-sabab 'llaḏî min ʾaǧlih waqafa 'l-ǧund*) et pour cette raison, il est appelé complément de but/cause (*wa li-ḏalika summiyat mafʿûlan li-ʾaǧlih*).

13.385. Le complément de but/cause est (*ʾinna 'l-mafʿûl li-ʾaǧlih huwa*):
– à l'accusatif réel et [NP = ou] en situation d'accusatif (*manṣûban lafẓan wa maḥallan*): *harabtu* ***ḫawfan***, ceci particulièrement lorsque le complément de but/cause est dépourvu de l'article et de l'annexion (*wa ḏalika ġâliban matâ kâna 'l-mafʿûl li-ʾaǧlih muǧarradan min «'al» wa 'l-ʾiḍâfa*).
– ou au génitif par la forme à cause de la particule, en situation d'accusatif (*ʾaw maǧrûran lafẓan bi-'l-ḥarf, manṣûban maḥallan*): *ḍarabtu waladî li-taʾdîbihi* ceci particulièrement quand le complément de but/cause est annexé ou lié à l'article (*wa ḏalika matâ kâna 'l-mafʿûl li-ʾaǧlih muḍâfan ʾaw maqrûnan bi-'al*).

14. Les occurrences de l'accusatif du nom: le complément «circonstanciel» (litt. «en lui») (*mawâḍiʿ naṣb 'l-'ism*: *'al-mafʿûl fîh*).

14.386. Le complément circonstanciel est un nom qui est mentionné pour préciser le temps du verbe ou son lieu (*'al-mafʿûl fîh huwa 'ism yuḏkar li-bayân zamân 'l-fiʿl ʾaw makânih*): *ḥaḍartu* ***ṣabâḥan*** *ʾamâma 'l-muʿallimi*.

14.387. Le complément circonstanciel est de deux sortes: circonstanciel de temps et circonstanciel de lieu (*'al-maf'ûl fîh naw'ân: ẓarf zamân wa ẓarf makân*).

14.388. Parmi les noms de temps et de lieu (*'inna min 'asmâ' 'l-zamân wa 'l-makân*):

– Il y en a qui peuvent être employés comme circonstanciel ou non circonstanciel [NP: ce dernier, c'est-à-dire celui pour lequel l'emploi circonstanciel n'est pas obligatoire] qu'on appelle **circonstanciel susceptible de flexion morphologique** [NP: autre que la *ẓarfiyya* car celle-ci implique uniquement l'accusatif de «la qualité qui désigne un lieu ou un temps (...) par un nom impliquant le sens de la préposition *fî*» (voir Lane, I, p. 1911 et *al-Ḫalîl*, p. 267) et ci-dessous] (*mâ yumkin 'isti'mâluh ẓarfan wa ġayr ẓarf yusammâ ẓarfan mutaṣarrifan*): p.ex. (*naḥwa*) *yawm, makân*. En effet, chacun des deux [NP: noms] peut être utilisé comme circonstanciel (*fa'inna kull wâḥid minhumâ yusta'mal ẓarfan*) par exemple (*naḥwa*): *sirtu* ***yawman****, ǧalastu* ***makânan***, et il peut être employé comme non circonstanciel (*wa yusta'mal ġayr ẓarf*) p.ex. (*naḥwa*): ***yawmu*** *'l-'aḥadi mubârakun,* ***makânu****ka 'âlin.*

– Il y en a pour lesquels l'emploi circonstanciel est obligatoire [NP: le mot est à l'accusatif avec /*a*/ ou en situation d'accusatif avec *sukûn*] ou au génitif avec la particule: on l'appelle **circonstanciel non susceptible de flexion morphologique** [NP: il s'agit de la *ẓarfiyya* qui exige uniquement l'accusatif de «la qualité qui désigne un lieu ou un temps (...) par un nom impliquant le sens de la préposition *fî*» (voir Lane, I, p. 1911 et *al-Ḫalîl*, p. 267)] (*wa minhâ mâ yulâzim 'l-ẓarfiyya 'aw 'l-ḥarf bi-'l-ǧarr fa-yusammâ ẓarfan ġayr mutaṣarrif*): *'ind****a****, qabl****a****, ba'd****a****, ladun*; *ǧalastu* ***'inda*** *Zaydin, ǧi'tu* ***min 'indihi*** [NP: on perçoit bien ici la différence d'analyse des mots de l'arabe et du français. Alors qu'en français «un jour», «quelque part» sont par nature des adverbes – catégorie inexistante dans la terminologie grammaticale arabe – en arabe *yawman* et *makânan* sont des noms qui peuvent avoir un emploi soit circonstanciel, soit non circonstanciel, l'emploi circonstanciel étant caractérisé par la flexion accusative du nom, et l'emploi non circonstanciel par la flexion non-accusative. On voit bien ici qu'en arabe, la notion de «détermination» ou «indétermination» apparaît comme secondaire, l'essentiel étant la marque de cas. Il n'y a donc pas de différence radicale entre *ṣabâḥan* «un matin» et *qabla* «avant». Alors que dans l'analyse des mots du français, on a là un adverbe par nature (dans le premier cas) ou une préposition par nature (dans le second), c'est-à-dire qu'il n'y a pas de lien direct entre «le matin» = «dans la matinée» et «le matin se situe avant midi» (où «matin» est un nom par nature, employé en fonction de sujet), ou encore entre «avant» qui fait partie d'un groupe nominal, dans «avant la matinée» et «avent» ou «l'avant-midi est froid» où la nature est nominale; en arabe, dans la logique de la théorie des grammairiens arabes, c'est la voyelle brève de flexion finale (*-an*/*-a* ou non-*an*/*-a*) qui détermine la fonction circonstancielle d'un nom naturel, peu importe que ce nom soit employé dans la proposition d'une façon isolée (*ṣabâḥan*) ou obligatoirement liée au groupe nominal qui suit (*qabla*)].

14.389. Le circonstanciel nécessite toujours (la présence du) verbe ou assimilé (le *maṣdar*, le nom d'agent, le nom de patient, l'épithète assimilé, le nom de préférence) duquel il dépend (*'inna 'l-ẓarf yaḥtâǧ dâ'iman 'ilâ mâ yuta'allaq bih min 'l-fi'l 'aw šibh*: *'al-maṣdar wa 'ism 'l-fâ'il wa 'ism 'l-maf'ûl wa 'l-ṣifa 'l-mušabbaha wa 'af'al 'l-tafḍîl*): *ǧi'tu* ***ṣabâḥan***. Analyse de ***ṣabâḥan***: circonstanciel de temps, accusatif avec la voyelle /a/ en finale, et il dépend de *ǧi'tu*. (*ẓarf zamân, manṣûb bi-fatḥ 'âḫirih wa huwa muta'alliq bi-«ǧi'tu»).*

14.390. Les noms de **temps** susceptibles de flexion morphologique [NP: autre que la *ẓarfiyya* car celle-ci implique uniquement l'accusatif de «la qualité qui désigne un lieu ou un temps (...) par un nom impliquant le sens de la préposition *fî*» (voir Lane, I, p. 1911 et *al-Ḫalîl*, p. 267)] sont aptes à (recevoir) l'accusatif circonstanciel (*'inna 'asmâ' 'l-zamân 'l-mutaṣarrifa takûn ṣâliḥa li-'l-naṣb 'alâ 'l-ẓarfiyya)* seulement (*faqaṭ*):
– quand ils dépendent du verbe ou de ce qui y est assimilé (*'iḏâ ta'allaqat bi-fi'l 'aw šibhih*);
– et qu'ils incluent le sens de «dans», étant la réponse à quelqu'un qui demande: «lequel»?, «quand»?, ou «quelle période»? (*wa taḍammanat ma'nâ «fî» – kânat ǧawâban li-man yas'al «'ayy», «matâ», 'aw «'ayy mudda»*): *sâfartu* ***šahran wa yawman*** *wa* ***sâ'atan***; *'ayy*: *sâfartu* ***fî muddati šahrin wa yawmin wa sâ'atin.*** [NP: On constate à nouveau ici une confusion partielle entre nature et fonction d'un mot dans la phrase: distinguer des noms de temps et des noms de lieu «par nature» paraît moins économique que d'omettre une pareille distinction de nature tout en conservant la catégorie plus générale, pertinente, de *maf'ûl fîh* ou de complément circonstanciel qui transcende la nature du mot (nom, adjectif, participe etc.) pour s'attacher plutôt à sa fonction dans la phrase, celle d'un accompagnement du verbe qui précise sa modalité quelle que

soit la nature du mot qui exerce cette fonction. Mais on aperçoit bien que la logique «flexionnelle» des grammairiens arabes les forçait en quelque sorte à adopter ce type de distinctions entre une catégorie de noms «susceptibles de recevoir la flexion complète» et une autre «non susceptible de recevoir la flexion complète» ou «qui ne peut se présenter qu'au génitif après *fî*»].

14.391. Les noms de **lieu** susceptibles de flexion morphologique [NP: autre que la *ẓarfiyya* car celle-ci implique uniquement l'accusatif de «la qualité qui désigne un lieu ou un temps (...) par un nom impliquant le sens de la préposition *fî*» (voir Lane, I, p. 1911 et *al-Ḫalîl*, p. 267)] sont aptes à recevoir l'accusatif (*'inna 'asmâ' 'l-makân 'l-mutaṣarrifa takûn ṣâliḥa li-'l-naṣb ʿalâ 'l-ẓarf*) seulement (*faqaṭ*):
– quand ils dépendent du verbe ou de ce qui y est assimilé (*'iḏâ taʿallaqat bi-'l-fiʿl 'aw šibhih*);
– quand ils incluent le sens de «dans» (c'est-à-dire qu'ils sont la réponse à ceux qui demandent «où»? ou «quand»?) (*'iḏâ taḍammanat maʿnâ «fî» -'ay kânat ǧawâban li-man yas'al «'ayna»? 'aw «kam»?*): *qif* ***yamînaka*** *'ay:* ***fî ǧihati yamînika*** [NP: ici encore, on rencontre un équivalent de la catégorie adverbiale des langues européennes bien qu'elle ne soit pas nommément désignée en arabe].

14.392. Voici quelques noms de lieu aptes à (recevoir) l'accusatif circonstanciel (*'ilayka baʿḍa 'asmâ' 'l-makân takûn ṣâliḥa li-'l-naṣb ʿalâ 'l-ẓarfiyya*):
– les six noms de direction (*'asmâ' 'l-ǧihât 'l-sitta*): *'amâm, warâ', yamîn, yasâr, fawq, taḥt* [NP: ce sont des *'asmâ' -'l-makân ġayr mutaṣarrifa* comme les noms de temps cités plus haut et qui ne varient que dans les mêmes conditions: *ʿinda, min ʿindi, qabla, min qabli, baʿda, min baʿdi, ladun, min ladun*, et de même: *'amâma, 'ilâ 'l-'amâmi, yamîna, 'ilâ 'l-yamîni, yasâra, 'ilâ 'l-yasâri, fawqa, min fawqi, taḥta, min taḥti.* s'insérant dans un groupe nominal. On observera que certaines grammaires arabes modernes utilisent le terme de *ẓarf maǧâzî*, circonstanciel métaphorique, pour *min qabli, min baʿdi* etc. et de *ẓarf naḥwîy*, circonstanciel grammatical, pour *qabla, baʿda* etc., *al-Ḫalîl*, p. 266-267].
– les noms de surface, de poids et de mesure (*'asmâ'-'l-misâḥa wa 'l-wazn wa 'l-kayl*): *mîl, farsaḫ*.

Ce qui) tient lieu de circonstanciel (*yanûb ʿan 'l-ẓarf*):
– le nom verbal (*'al-maṣdar*): *ǧi'tu ṭulûʿ**a** 'l-šamsi.*

– l'épithète (*'al-waṣf*): *nimtu ṭawîl***an** [NP: on observera qu'ici l'arabe classique exigerait plutôt de voir les choses de la façon suivante: *nimtu ṭawîlan = nimtu (nawman) ṭawîlan*, c'est-à-dire un *maf'ûl muṭlaq* où *ṭawîlan* tient lieu de *maf'ûl muṭlaq* (*yanûb 'an 'l-maf'ûl 'l-muṭlaq*)].
– le nom numéral (*'ism 'l-'adad*): *sirtu ḫamsat***a** *'ayyâmin.*
– le nom de démonstration (*waqaftu tilk***a** *'l-nâḥiyata*).
– ce qui indique une quantité ou une partie (de quantité) (*mâ dalla 'alâ kammiyya 'aw ǧuz'iyya*): *kull, ba'ḍ, biḍ', niṣf, ṯulṯ, rub'* etc.: *mašaytu kull***a** *'l-nahâri wa rub'***a** *'l-layli.*
[NP: on voit à nouveau que l'élément essentiel qui, pour les grammairiens arabes, permet de regrouper tous ces mots est la flexion à l'accusatif, nonobstant la nature du vocable; le cas le plus typique est celui de *tilk***a** qui est intégré de manière passablement artificielle dans cette catégorie. A noter aussi qu'il existe d'autres sortes de *nâ'ib 'an 'l-ẓarf*: *'a ḥaqqan? = 'a fî ḥaqqin?*; *ġayra šakkin = fî ġayri šakkin* etc., ce sont des variétés du *ẓarf mu'rab*, voir *al-Ḫalîl*, p. 267].

15. Les occurrences de l'accusatif du nom: le complément d'accompagnement (*mawâḍi' naṣb 'l-'ism*: *'al-maf'ûl ma'ah*).

15.394. Le complément (circonstanciel) d'accompagnement est un nom à l'accusatif après *wâw* au sens de *ma'a* qu'on appelle le «*wâw* d'accompagnement» (*'al-maf'ûl ma'ah huwa 'ism manṣûb ba'da wâw bi-ma'nâ ma'a tusammâ wâw 'l-ma'iyya*): *mâta 'l-marîḍu* **wa** *ṭulû'***a** *'l-šamsi.*

15.395. La condition [NP: d'emploi] du complément d'accompagnement est que le précède (*šarṭ 'l-maf'ûl ma'ah 'an tataqaddamah*):
– une proposition contenant un verbe (*ǧumla fîhâ fi'l*): ***sir wa*** *'l-šâri'***a** («marche **avec** (= le long de) la rue»).
– ou un *mâ* interrogatif (*'aw mâ 'istifhâmiyya*): ***mâ*** *ša'nuka* **wa** *'aḫâhu*? («qu'as-tu à faire **avec** son frère»?).
– ou un *kayfa* interrogatif (*'aw kayfa 'l-'stifhâmiyya*): ***kayfa*** *'anta* **wa** *'l-'ilm***a**? («où en es-tu **avec** la science?»).

Ainsi (*hakaḏâ*): *mâ (*ma") ša'nuka* **wa** *'aḫâhu*?

mâ: *'ism 'istifhâm, mabnîy 'alâ 'l-sukûn, fî maḥall raf', mubtada'.*

ša'nuka: *ḫabar marfû' bi-ḍamm 'âḫirih wa huwa muḍâf wa 'l-kâf ḍamîr muttaṣil mabnîy 'alâ 'l-fatḥ, fî maḥall ǧarr, muḍâf 'ilayh.*

wa: *wâw 'l-ma'iyya.*

'aḫâhu: *maf'ûl ma'ah manṣûb wa 'alâmat naṣbih 'l-'alif li-'annah min 'l-'asmâ' 'l-ḫamsa wa huwa muḍâf wa 'l-hâ' ḍamîr muttaṣil mabnîy 'alâ 'l-ḍamm, fî maḥall ğarr, muḍâf 'ilayh.*

16. Les occurrences de l'accusatif du nom d'exception (*mawâḍi' naṣb 'l-'ism 'l-mustaṯnâ*).

16.396. L'excepté est le nom mentionné après *'illâ* et ses sœurs en contraste avec ce qui précède ce nom dans l'assertion (*'al-mustaṯnâ huwa 'ism yuḏkar ba'da 'illâ wa 'aḫawâtihâ muḫâlifan li-mâ qablahâ fî 'l-ḥukm*): *ḫarağa 'l-talâmiḏatu mina 'l-madrasati 'illâ Ḫâlid**an**: Ḫâlidan* est excepté car il se présente après *'illâ* et n'est pas (placé) à l'intérieur de l'assertion de sortie attribuée aux élèves (*fa-Ḫâlidan mustaṯnan li-'annah wâqi' ba'da 'illâ wa ġayr dâḫil fî ḥukm 'l-ḫurûğ 'l-mansûb 'ilâ 'l-talâmiḏa*).

16.397. Les sœurs de *'illâ* sont cinq (*'aḫawât 'illâ ḫams wa hiya*): *ġayr, siwâ, 'adâ, ḫalâ, ḥâšâ.*

16.398. Il faut mettre l'excepté à l'accusatif avec *'illâ* quand la proposition qui précède *'illâ* a un sens complet et est affirmative (*yağib naṣb 'l-mustaṯnâ bi-'illâ matâ kânat 'l-ğumla qabla 'illâ tâmmat 'l-ma'nâ wa muṯbita*): *ya'îšu 'l-nâsu bi-râḥatin (ğumla tâmma muṯbita) 'illâ 'l-kaslân**a** (mustaṯnâ bi-'illâ).*

16.399. La mise à l'accusatif et l'harmonisation dans l'excepté avec *'illâ* [NP: la plupart du temps, il s'agira du nominatif, voir ci-dessous] sont [NP: toutes les deux] permises quand la proposition qui précède *'illâ* a un sens complet et est négative (l'harmonisation consiste dans le fait de fléchir ce qui suit *'illâ* de la même façon que ce qui précède du fait qu'il s'agit d'une apposition] (*yağûz 'l-naṣb wa 'l-'itbâ' fî 'l-mustaṯnâ bi-'illâ matâ kânat 'l-ğumla qabla 'illâ tâmmat 'l-ma'nâ wa manfiyya*) (*wa 'l-'itbâ' huwa 'i'râb mâ ba'da 'illâ miṯla-mâ qablahâ 'alâ 'annah badal*):
– accusatif (*naṣb*): *mâ nağaḥa 'l-ṭullâbu (ğumla tâmma manfiyya) 'illâ 'Ibrâhîm**a** (mustaṯnâ bi-'illâ).*
– harmonisation (*'itbâ'*): *mâ nağaḥa 'l-ṭullâb**u** 'illâ Ibrâhîm**u** (badal min « 'al-ṭullâbu »).*

16.400. Il faut fléchir l'excepté avec *'illâ* en fonction des régissants qui le précèdent, comme si *'illâ* n'était pas là, quand la proposition qui est avant *'illâ* est de sens incomplet (*yağib 'iʿrâb 'l-mustaṯnâ bi-'illâ ḥasab 'l-ʿawâmil 'llatî tataqaddamuh kamâ law kânat 'illâ ġayr mawğûda, 'iḏâ kânat 'l-ğumla qabla 'illâ nâqiṣat 'l-maʿnâ*):
– *mâ ğâ'a 'illâ ('adât ḥaṣr) Salîm**un** (fâʿil)*;
– *mâ ra'aytu 'illâ ('adât ḥaṣr) Salîm**an** (mafʿûl bih)*;
– *lâ 'usallimu 'illâ ('adât ḥaṣr) ʿalâ Salîm**in** (mağrûr bi-'l-ḥarf)*.

16.401. La règle de l'excepté avec *ġayr* et *siwâ* est qu'il soit toujours mis au génitif avec l'annexion (*ḥukm 'l-mustaṯnâ bi-ġayr wa siwâ 'an yuğarra dâ'iman bi-'l-'iḍâfa*). Quant au mot *ġayr* et *siwâ*, la flexion de l'excepté avec *'illâ* s'applique à eux (*'ammâ kalima ġayr wa siwâ fa-yağrî ʿalayhimâ 'iʿrâb 'l-mustaṯnâ bi-'illâ'*):
– proposition complète affirmative (*ğumla tâmma muṯbita*): *nağaḥa 'l-ṭullâbu 'illâ 'l-kaslân**a**: nağaḥa 'l-ṭullâbu ġayr**a** 'l-kaslân**i** (muḍâf 'ilayh)*.
– proposition complète négative (*ğumla tâmma manfiyya*): *mâ nağaḥa 'l-ṭullâbu 'illâ 'l-kaslân**u/a**; mâ nağaḥa 'l-ṭullâbu ġayr**u**/ġayr**a** 'l-kaslân**i**.*
– proposition incomplète (*ğumla nâqiṣa*): *mâ nağaḥa 'l-ṭullâbu 'illâ 'l-muğtahid**u**; mâ nağaḥa ġayr**u** 'l-muğtahid**i** (muḍâf 'ilayh)*.

16.402. *ḫalâ*, *ʿadâ* et *ḥâšâ* sont (*takûn*):
– ou des particules et ce qui les suit sera au génitif (*'immâ ḥurûfan fa-yakûn mâ baʿdahâ mağrûran*): *nağaḥa 'l-ṭullâbu* ***ʿadâ*** *'l-kaslân**i**.*
– ou des verbes et ce qui les suit sera à l'accusatif parce que c'est un complément d'objet direct (*wa 'immâ 'afʿâlan wa yakûn mâ baʿdahâ manṣûban ʿalâ 'annah mafʿûl bih*): *nağaḥa 'l-ṭullâbu* ***mâ ʿadâ*** *'l-kaslân**a*** (*ḫalâ* et *ʿadâ* sont toujours considérés comme faisant partie des verbes si le *mâ* du *maṣdar* les précède).

17. Les occurrences de l'accusatif du nom: l'état (*mawâḍiʿ naṣb 'l-'ism: 'al-ḥâl*)

17.403. L'état est un nom qui est mentionné à la fin du discours pour expliciter l'aspect de l'agent ou du complément ou du [NP: mot mis au] génitif au moment où l'action se produit [NP: ou au moment de l'occurrence du procès] (*'al-ḥâl huwa 'ism yuḏkar baʿda tamâm 'l-kalâm li-bayân hay'at 'l-fâʿil 'aw 'l-mafʿûl 'aw 'l-mağrûr ḥîna wuqûʿ 'l-fiʿl*) et il

est correct de le remplacer par une proposition nominale (*wa ṣaḥḥa ʾibdâluh bi-ğumla ʾismiyya*):
– *ğâʾa ʾl-qâʾidu (fâʿil)* ***ẓâfiran*** *(ḥâl) (= wa huwa ẓâfirun);*
– *šaribtu ʾl-mâʾa (mafʿûl bih)* ***ṣâfiyan*** *(ḥâl) (=wa huwa ṣâfin);*
– *marartu bi-ʾl-diyâri (mağrûr)* ***ʿâmiratan*** *(=wa hiya ʿâmiratun).*

Nous disons par contre (*ġayra ʾannanâ naqûl*): *wağadtu ʾl-ʿilma (kalâm ġayr tâmm ʾl-maʿnâ: ʾal-mafʿûl bih ʾl-ʾawwal) nâfiʿan (mafʿûl bih ṯânin; lâ yağûz ʾibdâluh bi-ğumla ʾismiyya).*

17.404. L'état est de trois sortes: mot (isolé), proposition ou syntagme (*al-ḥâl ṯalâṯatu ʾanwâʿ*: *mufrad, ğumla, šibh ğumla*):
– mot (isolé) (*mufrad*): *ğâʾa ʾl-qâʾidu* ***ẓâfiran.***
– proposition (*ğumla*): *ʾuṭlubi ʾl-ʿilma* ***wa ʾanta fatan.***
– simili-proposition (*šibh ğumla*): *raʾaytu ʾl-hilâla* ***bayna ʾl-saḥâbi*** *wa ʾabṣartu šuʿâʿahu* ***fî ʾl-mâʾi.***

17.405. La condition d'**emploi de l'état mot (isolé)** est (**1**) qu'**il soit indéterminé dérivé** [NP: voir *infra*, 10.73. Le nom dérivé est celui qui est dérivé d'un mot à racine verbale: *ʾikrâm*, *maṭbaḫ*, *mibrad*, ce qui signifie qu'il ne peut pas s'agir d'un *ʾism ğâmid* comme *rağul* ou *Yûsuf*] et (**2**) que son **possesseur soit déterminé** (*šarṭ ʾl-ḥâl ʾl-mufrad ʾan yakûna nakira muštaqqa wa ṣâḥibuh maʿrifa*): *zurtu ʾl-ḥayya* ***ʿâmiran*** [N.P: *ʿâmiran* est un état dont le possesseur est *ʾl-ḥayya*. «J'ai visité le quartier, celui-ci étant bien peuplé»] *ʾl-ḥayy: ṣâḥib ʾl-ḥâl; ʿâmiran: ḥâl, nakira, ʾism ʾl-fâʿil.*

17.406. L'état mot isolé se présente comme **déterminé quand il doit être interprété comme un indéterminé** (*yaʾtî ʾl-ḥâl ʾl-mufrad maʿrifa ʾiḏâ kâna fî taʾwîl ʾl-nakira*): *ğâʾa ʾl-tilmîḏu* ***waḥdahu*** (*ʾay* ***munfaridan)***: *waḥdahu, maʿrifa, fî taʾwîl nakira; ṣanaʿa* ***ğahdahu*** (*ʾay* ***muğtahidan***). *ğahdahu: maʿrifa, fî taʾwîl nakira.*

17.407. L'état mot (isolé) se présente comme un (nom) figé quand il doit être interprété comme un (nom) dérivé. Et ceci se produit habituellement quand l'état indique: (*yaʾtî ʾl-ḥâl ʾl-mufrad ğâmidan ʾiḏâ kâna fî taʾwîl ʾl-muštaqq wa yakûn ḏalika ʿâdatan ʾiḏâ dalla ʾl-ḥâl)*:
– une ressemblance (*ʿalâ tašbîh*): *karra ʿalayya* ***ʾasadan*** *(ʾay mušabbahan bi-ʾl-ʾasad*);
– une gradation (*ʿalâ ʾl-tartîb*): *ʿallamtuhu ʾl-ʿarabiyyata* ***bâban bâban*** *(ʾay mutarattibatan*):

– une tarification (*ʿalâ 'l-tasʿîr*): *bîʿa 'l-qamḥu* ***muddan*** *bi-dirhamin* (*'ay muddan* ***musaʿʿaran*** *bi-dirhamin*);
– une action dirigée vers quelqu'un (*ʿalâ mufâʿala*): *biʿtuhu* ***yadan bi-yadin*** (*'ay* ***muṣâfiḥan*** *'iyyâhu*).

17.408. La proposition d'état se divise en deux groupes: verbale et nominale (*'al-ǧumla 'l-ḥâliyya qismân: fiʿliyya wa 'ismiyya).*

17.409. La condition [NP: d'existence] de la proposition d'état est qu'elle soit reliée à son possesseur (*yuštaraṭ fî 'l-ḥâl 'l-ǧumla 'an takûna murtabiṭa bi-ṣâḥibihâ*):
– par le pronom: si la proposition est verbale et que ce qui la précède est déterminé (*bi-'l-ḍamîr: 'in kânat 'l-ǧumla fiʿliyya wa mâ qablahâ maʿrifa*): *ǧâ'a 'l-ġulâmu* ***yarkuḍu*** *(huwa): al-ġulâmu, maʿrifa; yarkuḍu, ǧumla fiʿliyya, ḥâl.*
– par le *wâw* d'état, si la proposition est nominale (*bi-'l-wâw 'l-ḥâliyya 'in kânat 'l-ǧumla 'ismiyya*): *ḫaraǧû min diyârihim* ***wa hum 'ulûfun.***

18. Les situations de mise à l'accusatif du nom: le spécificatif (*mawâḍiʿ naṣb 'l-'ism: 'al-tamyîz*).

18.410. Le spécificatif est un nom à l'accusatif qui explique l'objectif d'un discours précédent ambigu (c'est-à-dire qu'il doit être amélioré parce qu'il a plusieurs significations) (*'al-tamyîz 'ism manṣûb yubayyin 'l-maqṣûd min kalâm sâbiq mubham, 'ay yuṣlaḥ li-'an yurâd bih 'ašyâ' kaṯîra*): *'ištaraytu raṭlan* ***zaytan*** (*tamyîz li-kalima raṭl 'l-mubhama*).

18.411. Le spécificatif est de deux sortes (*'al-tamyîz nawʿân*):
– le spécificatif de la nature (d'un mot) (*tamyîz ḏât*): c'est celui qui lève l'ambiguïté d'un nom (*wa huwa 'llaḏî yubîn 'ibhâm 'ism*): *'ištaraytu raṭlan* ***ʿasalan*** *(raṭlan: 'ism; ʿasalan: tamyîz).*
– le spécificatif d'attribution (*tamyîz nisba*): c'est celui qui lève l'ambiguïté d'une proposition (*wa huwa 'llaḏî yubîn 'ibhâm ǧumla*): *ṭâba 'l-tilmîḏu* ***nafsan*** *(ṭâba 'l-tilmîḏu: ǧumla; nafsan: tamyîz).*

18.412. Les mots après lesquels se rencontre le nom à l'accusatif comme spécificatif sont (*'al-'alfâẓ 'llatî yaqaʿ baʿdahâ 'l-'ism manṣûban ʿalâ 'l-tamyîz hiya*):
– les noms de poids (*asmâ' 'l-wazn*): *'ištaraytu* ***raṭlan*** [NP: nom de poids] ***samnan*** [NP: *tamyîz*].

– les noms de mesure de capacité (pour les grains) (*'asmâ' 'l-kayl*): *'ištaraytu* ***muddan*** [NP: nom de mesure de capacité] ***qamḥan*** [NP: *tamyîz*].
– les noms de surface (*'asmâ' 'l-misâḥa*): *'ištaraytu* ***ḏirâ'an*** [NP: nom de surface] ***'arḍan*** [NP: *tamyîz*].
– les noms de nombre de 11 à 99 (*'asmâ' 'l-'adad min 11 'ilâ 99*): *'ištaraytu* ***'išrîna*** [N.P: nom de nombre] ***kitâban*** [NP: *tamyîz*].
[NP: on aperçoit bien dans ce dernier cas combien une approche exclusivement synchronique de la langue, qui est celle des grammairiens arabes anciens, est inadéquate: comment justifier que: «j'ai acheté (une) vingtaine (en fait) de livres» fonctionne avec cette interprétation pour les noms de nombre de 11 à 99 et ne fonctionne plus avec cette interprétation et ce cas (l'accusatif) pour les autres tranches des noms de nombre (3 à 10, 100 et au-delà)? Seule l'approche diachronique permet d'apporter une réponse satisfaisante: l'arabe conserve plus encore que d'autres langues, comme le français par exemple, la trace d'anciens systèmes de comptage. Ces catégories de noms de l'objet compté avec la syntaxe propre qui les accompagne, ne fait que refléter la situation au stade de l'arabe classique dans laquelle on a une superposition de systèmes différents à l'origine. On comparera avec le français «soixante-dix, quatre-vingt, quatre-vingt-dix», anciens systèmes de comptage subsistant à l'intérieur du nouveau (décimal)].

18.413. Dans le spécificatif (qui se présente après la mesure) de poids, d'unité de capacité (pour le grain) et de surface, il est permis d'avoir (*'inna tamyîz 'l-wazn wa 'l-kayl wa 'l-misâḥa yağûz fîh*):
– le génitif avec l'annexation (*'al-ğarr bi-'l-'iḍâfa*): *'ištaraytu raṭla* ***samnin***.
– le génitif avec *min* (*'al-ğarr bi-min*): *'ištaraytu raṭlan* ***min samnin***.
[NP: l'impossibilité pour le *tamyîz 'adad* de recevoir ce traitement montre bien la fragilité de l'interprétation par le *tamyîz* pour cette catégorie].

19. Les occurrences de l'accusatif du nom: le vocatif (lit. «l'appelé») (*mawâḍi' naṣb 'l-'ism: 'al-munâdâ*).

19.414. Le vocatif est un nom vers lequel on attire l'attention par une des particules du vocatif qui représentent le verbe «j'appelle» (*'al-munâdâ 'ism yuṭlab 'iqbâluh bi-'aḥad 'aḥruf 'l-nidâ' 'l-nâ'iba manâba fi'l «'unâdî»*): ***yâ*** *rağulu* =*'unâdî rağulan*.

19.415. Les particules du vocatif sont quatre, c'est-à-dire (*aḥruf 'l-nidâ' 'arba'a wa hiya*): ***yâ, 'ayyâ, 'ayy, 'al-hamza.***

19.416. Le vocatif est (*'al-munâdâ yakûn*):
– un nom propre (*'alaman*): *yâ* ***Yûsufu***, *yâ* ***Yûsufâni***, *yâ* ***Yûsufûna.***
– un nom indéterminé désigné, qui s'applique à un individu (*nakira maqṣûda, tuṭlaq 'alâ mu'ayyan*): *yâ* ***ṯa'labu***, *yâ* ***muḥtâlu***. [NP: «ô renard, ô rusé!» sont des termes génériques, mais qui s'appliquent dans ces cas à des individus déterminés].
– un nom indéterminé non désigné, qui s'applique à du non-individuel (*nakira ġayr maqṣûda, tuṭlaq 'alâ ġayr mu'ayyan*): *yâ* ***ġâfilan***, *yâ* ***'âbiran*** [NP: «ô insouciant, ô passant!» sont des indéterminés qui ne s'adressent pas à une personne particulière, mais à un individu non spécifié].
– un nom annexé (*muḍâfan*): *yâ* ***'Abda 'llahi***! *yâ* ***ra'îsa 'l-firqati***! - un nom assimilé à l'annexé: c'est le nom et son **régi** (*šabîhan bi-'l-muḍâf wa huwa 'l-'ism wa* ***ma'mûluh***): *yâ sâ'iyan* ***fî 'l-ḫayri***! *yâ qawiyyan* ***qalbuhu***, *yâ ḥâdi'an* ***ṯa'laban***, *yâ 'âmilan* ***li-'l-ḫayri***!

19.417. Le vocatif a deux états (*li-'l-munâdâ ḥâlatân*):
– le fait d'être construit invariablement sur ce avec quoi il serait mis au nominatif (*'al-binâ' 'alâ mâ kâna yurfa' bih*);
– l'accusatif (*wa 'l-naṣb*).

19.418. Le vocatif est construit invariablement sur ce avec quoi il est mis au nominatif quand il est (*yubnâ 'l-munâdâ 'alâ mâ kâna yurfa' bih 'iḏâ kâna*):
– un nom propre individuel, c'est-à-dire non annexé (*'alaman mufradan, 'ay ġayr muḍâf*):*yâ* ***Yûsufu***, *yâ* ***Yûsufâni***, *yâ* ***Yûsufûna***; — un nom indéterminé désigné (*nakira maqṣûda*): *yâ* ***ṯa'labu***, *yâ* ***muḥtâlu***.

19. 419. Le vocatif est à l'accusatif quand il est (*yakûn 'l-munâdâ manṣûban 'iḏâ kâna*):
– un nom indéterminé non désigné (*nakira ġayr maqṣûda*): *yâ* ***ġâfilan***, *yâ* ***'âbiran***!
– un nom annexé (*muḍâfan*): *yâ* ***'Abda 'llahi***, *yâ* ***ḫâdima 'l-'amîri***.
– un nom assimilé à l'annexé (*šabîhan bi-'l-muḍâf*): *yâ sâ'iyan* ***fî 'l-ḫayri***, *yâ ḥâdi'an* ***ṯa'laban***.
– un nom indéterminé désigné que suit une épithète (*nakira maqṣûda yalîhâ na't*): *yâ rağulan* ***šarîfan***, *yâ ṯa'laban* ***muḥtâlan***!

19.420. Le nom relié à l'article est mis au vocatif par le fait qu'il se présente au nominatif précédé (*yunâdâ 'l-'ism 'l-muqtarin bi-«'al» bi-'an yu'tâ bih marfû'an masbûqan*):
– de *'ayyuhâ* ou de *'ayyatuhâ* (*bi-'ayyuhâ 'aw 'ayyatuhâ*): *yâ* ***'ayyuhâ*** *'l-musâfiru, yâ* ***'ayyutuhâ*** *'l-dağâğatu*! et il est permis de retrancher *yâ* devant *'ayyuhâ* et *'ayyatuhâ* (*wa yağûz ḥaḏf yâ' 'amâma 'ayyuhâ wa 'ayyatuhâ*).
– du nom de démonstration qui s'accorde avec lui (*bi-'ism 'l-'išâra 'l-muṭâbiq lah*): ***yâ*** *hâḏâ 'l-ṯa'labu,* ***yâ*** *hâtâni 'l-dağâğatâni*!

19.421. Le nom qui se présente après *'ayyuhâ* et *'ayyatuhâ* sera (*'al-'ism 'l-wâqi' ba'da 'ayyuhâ wa 'ayyatuhâ yakûn*):
– apposé s'il est figé (*badalan 'in kâna ğâmidan*): *yâ 'ayyuhâ* ***'l-rağulu*** (*badal*).
– épithète s'il est dérivé (*na'tan 'in kâna muštaqqan*): *yâ 'ayyuhâ* ***'l-fâḍilu*** (*na't*).

19.422. Le nom de majesté «Dieu» est mis au vocatif avec les particules du vocatif (*'inna 'ism 'l-ğalâla «'Allahu» yunâdâ bi-'aḥruf 'l-nidâ'*): *yâ 'llâhu*! Le retranchement du vocatif et son remplacement par un *mîm* redoublé est fréquent et on dit (*wa yakṯur ma'ah ḥaḏf 'l-nidâ wa ta'wîḍuh bi-mîm mušaddada fa-naqûl*): *'Allahu****mma.***

Exemples d'analyse de mots utilisés au vocatif:

yâ Buṭrusûna:

yâ: *ḥarf nidâ'*.

Buṭrusûna: *munâdan mabnîy (li-'annah 'alam) 'alâ 'l-wâw li-'annah ğam' muḏakkar sâlim, wa huwa fî maḥall naṣb, maf'ûl bih li-fi'l 'l-nidâ' 'l-maḥḏûf* [NP: rappel du point 19.114: *'al-munâda 'ism yuṭlab 'iqbâluh bi-'aḥad 'aḥruf 'l-nidâ' 'l-nâ'iba manâba fi'l «'unâdî»; yâ rağulu = 'unâdî rağulan*].

yâ tilmîḏâni:

yâ: *ḥarf nidâ'*.

tilmîḏâni: *munâdan mabnîy (li-'annah nakira maqṣûda [ġayr mawṣûfa]) 'alâ 'l-'alif li-'annah muṯannan wa huwa fî maḥall naṣb, maf'ûl bih li-fi'l 'l-nidâ' 'l-maḥḏûf* [NP: rappel du point 19.416: un nom indéterminé désigné, qui s'applique à un individu (*nakira maqṣûda, tuṭlaq 'alâ mu'ayyan*): *yâ ṯa'labu, yâ muḥtâlu* «ô renard, ô rusé» est un terme générique, mais qui s'applique dans ce cas à un individu déterminé].

yâ tilmîḏayni muǧtahidayni:

yâ: *ḥarf nidâ'*.

tilmîḏayni: *munâdan manṣûb (li-'annah nakira maqṣûda mawṣûfa) wa 'alâmat naṣbih 'l-yâ' li-'annah muṯannan wa huwa maf'ûl bih li-fi'l 'l-nidâ' 'l-maḥḏûf.*

muǧtahidayni: *na't tabi'a 'l-man'ût wa 'alâmat naṣbih 'l-yâ' li-'annah muṯannan* [NP: rappel du point 19.419. Un nom indéterminé désigné que suit une épithète (*nakira maqṣûda yalîhâ na't*) *[NP: 'aw mawṣûfa]*: *yâ raǧulan šarîfan, yâ ṯa'laban muḥtâlan*!].

yâ 'Abda 'llahi:

yâ: *ḥarf nidâ'*.

'Abda: *munâdan manṣûb (li-'annah muḍâf) wa 'alâmat naṣbih fatḥ 'âḫirih, wa huwa maf'ûl bih li-fi'l 'l-nidâ' 'l-maḥḏûf, wa huwa muḍâf.*

'llahi: *muḍâf 'ilayh, maǧrûr bi-kasr 'âḫirih.*

yâ ġâfilan:

yâ: *ḥarf nidâ'*.

ġâfilan: *munâdan manṣûb (li-'annah nakira ġayr maqṣûda) wa 'alâmat naṣbih fatḥ 'âḫirih, wa huwa maf'ûl bih li-fi'l 'l-nidâ' 'l-maḥḏûf.*

yâ 'ayyuhâ 'l-waladu:

yâ: *ḥarf nidâ'*.

'ayyuhâ: *'ayy munâdan mabnîy 'alâ 'l-ḍamm, fî maḥall naṣb, maf'ûl bih li-fi'l 'l-nidâ' 'l-maḥḏûf wa 'l-hâ' li-'l-tanbîh.*

'l-waladu: *badal (li-'annah ǧâmid) tabi'a 'l-mubdal minh bi-'l-raf' wa 'alâmat raf'ih ḍamma ẓâhira fî 'âḫirih.*

yâ 'ayyuhâ 'l-fâḍilu:

yâ: *ḥarf nidâ'*.

'ayy: *munâdan mabnîy 'alâ 'l-ḍamm, fî maḥall naṣb, maf'ûl bih li-fi'l 'l-nidâ' 'l-maḥḏûf, wa 'l-hâ' li-'l-tanbîh.*

'l-fâḍilu: *na't (li-'annah muštaqq) tabi'a 'l-man'ût fî 'l-raf' wa 'alâmat raf'ih ḍamm 'âḫirih.*

20. Les occurrences de génitif du nom (*mawâḍiʿ ğarr 'l-'ism).*

Le nom est mis au génitif dans deux cas (*yuğarr 'l-'ism fî mawḍiʿayn*): quand il est situé après une des particules du génitif (*ʾiḏâ waqaʿa baʿd ʾaḥad ḥurûf 'l-ğarr*), quand il est annexé (*ʾiḏâ kâna muḍâfan ʾilayh*).

20.423. Les particules du génitif sont 14 (*ḥurûf 'l-ğarr ʾarbaʿata ʿašara wa hiya*): *min, ʾilâ, ʿan, ʿalâ, fî, rubba, 'al-bâʾ, 'al-kâf, 'al-lâm, wâw 'l-qasam, tâʾ 'l-qasam, ḥattâ, muḏ, munḏu*).

20.424.
– Parmi elles, il y en a qui (s'appliquent de façon) commune au substantif et au pronom personnel indépendant ou suffixé (*wa minhâ mâ yaštarik bayna 'l-ẓâhir wa 'l-muḍmar wa huwa*): *min, ʾilâ, ʿan, ʿalâ, fî, al-lâm, al-bâʾ*: *'iltaqaytu* ***bi-'l-rağuli*** *fa-sallamtu* ***ʿalayhi.***
– Parmi elles, il y en a qui ne s'appliquent qu'au substantif (*wa minhâ mâ yaḫtaṣṣ bi-'l-ẓâhir wa huwa*): *rubba, muḏ, munḏu, ḥattâ, al-kâf, wâw 'l-qasam, tâʾ 'l-qasam.*

20.425. *Rubba* ne s'applique qu'à l'indéterminé qualifié (*taḫtaṣṣ rubba bi-'l-nakira 'l-mawṣûfa*): *rubba rağulin karîmin 'iltaqaytuhu. Rubba* met formellement cet (indéterminé qualifié) au génitif, mais elle le met en situation de nominatif du fait qu'il est *mubtadaʾ* (*fa-hiya tağurruhâ lafẓan wa tarfaʿuhâ maḥallan ʿalâ 'l-ʾibtidâʾ*).

20.426. Le *tâʾ* ne s'applique qu'au nom de majesté (*taḫtaṣṣ 'l-tâʾ bi-'sm 'l-ğalâla*): *ta-'llahi*!

20.427. Les particules du génitif ont toujours besoin d'un connecteur (dont elles dépendent) et qui est (*ʾinna ḥurûf 'l-ğarr taḥtâğ dâʾiman ʾilâ mutaʿallaq wa mutaʿallaquhâ*):
– soit un verbe explicite ou ce qui s'y apparente (*ʾimmâ fiʿl maḏkûr ʾaw šibhuh*): *'al-maṣdar, 'ism 'l-fâʿil, 'ism 'l-mafʿûl, 'al-ṣifa 'l-mušabbaha, ʾafʿal 'l-tafḍîl*): ***waḍaʿtu*** *'l-kitâba* ***ʿalâ*** *'l-ṭâwilati.*
– soit un verbe potentiel (*ʾaw fiʿl muqaddar*) si le verbe a le sens de «étant» ou «existant» (*wa ḏalika ʾiḏâ kâna 'l-fiʿl bi-maʿnâ kâʾin ʾaw mawğûd*): *al-kitâbu* (***mawğûd***) ***ʿalâ*** *'l-ṭâwilati.*

21. Les situations de mise au génitif: l'annexé (*mawâḍiʿ ğarr 'l-'ism: 'al-muḍâf ʾilayh.*)

21.428. Ce à quoi on annexe est un nom qui est mis en relation d'appartenance avec un nom précédent (*'al-muḍâf 'ilayh 'ism yunsab 'ilayh 'ism sâbiq*): *ḫâdimu* ***'l-'amîri***.

21.429. Si le nom est déterminé avec *'al*, l'article *'al* est retranché au début [NP: du nom précédent, l'annexé] (*'iḏâ kâna 'l-'ism 'l-muḍâf muʿarrafan bi-'al ḥuḏifat 'al min 'awwalih*): ***kitâbu*** *'l-muʿallimi badalan min*: **'al-kitâb 'l-muʿallim*).

21.430. Si l'annexé est indéterminé avec *nûn*, on retranche son *tanwîn* (*iḏâ kâna 'l-muḍâf munawwanan ḥuḏifa tanwînuh*): ***sûru*** *'l-madînati badalan min *surun 'l-madînati.*

21.431. Si le nom annexé est (au) duel ou (au) pluriel masculin intègre, on retranche son *nûn* (*'iḏâ kâna 'l-'ism 'l-muḍâf muṯannan 'aw ǧamʿ muḏakkar sâlim ḥuḏifat nûnuh*): ***yâdâ*** *'l-raǧuli*, ***qâṣidû*** *'l-baladi badalan min *yadâni-'l-raǧuli, *qâṣidûna'l-baladi.*

21.432. Il est permis de faire précéder l'annexé de *'al* (*yaǧûz duḫûl «'al» ʿalâ 'l-muḍâf*):
– s'il est qualificatif (nom d'agent, nom d'agi, qualificatif ressemblant, élatif) (*'iḏâ kâna ṣifatan: 'ism fâʿil, 'ism mafʿûl, ṣifa mušabbaha, 'afʿal tafḍîl*) à l'état duel ou de pluriel masculin intègre (*fî ḥâlat 'l-muṯannâ 'aw 'l-ǧamʿ 'l-muḏakkar 'l-sâlim*): ***al-fâtiḥâ*** *('ism fâʿil muṯannan) Dimašqa, Ḫâlidun wa 'Abû ʿUbaydata;* ***'al-sâkinû*** *Bayrûta 'âminûna* [NP: on pourrait ajouter que dans ces deux cas, le participe exerce sa rection **verbale** et non pas adjectivale/nominale].
– si l'annexé est un qualificatif et que l'annexant est déterminé avec *'al* (*'iḏâ kâna 'l-muḍâf ṣifatan wa 'l-muḍâf 'ilayh muʿarrafan bi 'al*): ***'al-muttabiʿu*** *'l-ḥaqqi manṣûrun.*

22. Les suivants (*'al-tawâbiʿ*)

Les suivants sont des noms qui suivent ce qui les précède en cas (*'al-tawâbiʿ 'asmâ' tattabiʿ mâ qablahâ 'iʿrâban*).

22. L'épithète (*'al-naʿt*)

22.433. L'épithète est un suivant qui donne une qualification au nom précédent qu'on appelle qualifié (*'al-naʿt tâbiʿ yubayyin ṣifa fî 'ism sâbiq yusammâ manʿûtan*): *ǧâ'a 'l-tilmîḏu 'l-**muǧtahidu.***

22.434. L'épithète est de deux sortes: réelle et de liaison (*'al-naʿt qismâni ḥaqîqîy wa sababîy*).

22.435. L'épithète réelle est celle qui renvoie à une qualification dans le qualifié lui-même (*'al-naʿt 'l-ḥaqîqîy huwa mâ dalla ʿalâ ṣifa fî 'l-manʿût nafsih*): *ǧâʾa 'l-raǧulu 'l-**ʿâqilu***.

22.436. L'épithète réelle suit son qualifié (*ʾinna 'l-naʿt 'l-ḥaqîqîy yatbaʿ manʿûtah*):
– en détermination et en indétermination (*fî 'l-taʿrîf wa 'l-tankîr*): *'al-ṯawbu 'l-mumazzaqu; ṯawbun mumazzaqun.*
– en genre (*fî 'l-taḏkîr wa 'l-taʾnîṯ*): *waladun muhaḏḏabun, fatâtun muhaḏḏabatun.*
– en nombre (*fî 'l-ʾifrâd wa 'l-taṯniya wa 'l-ǧamʿ*): *ʿâzifâni mâhirâni, ʿâzifûna mâhirûna.*
– en cas (*fî 'l-ʾiʿrâb*): *ʿâzifayni mâhirayni, ʿâzifâtin mâhirâtin.*

22.437. L'épithète de dépendance est celle qui renvoie à un qualificatif (inclus) dans le nom qui suit le qualifié (*'al-naʿt 'l-sababîy huwa mâ dalla ʿalâ ṣifa fî 'ism tâbiʿ li-'l-manʿût*): *ǧâʾa 'l-raǧulu **'l-kaṯîru mâluh***.

22.438. L'épithète de dépendance (*'al-naʿt 'l-sababîy*):
– est toujours au singulier (*yakûn dâʾiman mufradan*): *raʾaytu 'l-waladayni **'l-mumazzaqa** ṯawbuhumâ.*
– s'accorde avec ce qui suit en genre (*yatbaʿ mâ baʿdah fî 'l-taḏkîr wa 'l-taʾnîṯ*): *raʾaytu 'l-ġulâma 'l-muhaḏḏaba**ta*** [N.P: féminin] ***ʾuḫtuhâ***;
– s'accorde avec ce qui précède en détermination ou indétermination et en cas (*yatbaʿ mâ qablah [manʿûtuh] fî 'l-taʿrîf wa 'l-tankîr wa 'l-ʾiʿrâb*): *raʾaytu ġulâm**an** **ʿâlimatan*** [NP: accusatif, indéterminé] *ʾummuhu.*

22.439. Le nom qui se présente après l'épithète de dépendance est (*ʾinna 'l-'ism 'l-wâqiʿ baʿda 'l-naʿt 'l-sababîy yakûn*):
– agent au nominatif si l'épithète de dépendance est un **nom d'agent** ou un adjectif ressemblant (au nom d'agent) (*fâʿilan marfûʿan ʾiḏâ kâna 'l-naʿt 'l-sababîy 'ism fâʿil ʾaw ṣifa mušabbaha*): *raʾaytu ġulâman **ʿâlimatan** ʾummuhu (ʾummuhu: fâʿil ʿâlima).*
– représentant de l'agent au nominatif si l'épithète de dépendance est un nom d'agi (*nâʾib fâʿil marfûʿan ʾiḏâ kâna 'l-naʿt 'l-sababîy 'ism fâʿil*): *raʾaytu 'l-waladayni **'l-mumazzaqa** ṯawbuhumâ (ṯawbuhumâ nâʾib fâʿil*

'l-mumazzaq) [NP: on voit que dans ces cas les représentations sous-jacentes (au sens de: gloses sémantiques) sont respectivement les suivantes: 1. «j'ai vu un garçon et sa mère sait»; 2.«j'ai vu les deux enfants et leurs vêtements sont déchirés», *taʿlamu 'ummuhu*; *tumazzaqu ṯawbuhumâ*].

22.440. La phrase ou la simili-phrase n'est qu'une épithète après les indéterminés seulement (*takûn 'l-ğumla 'aw šibh 'l-ğumla naʿtan faqaṭ baʿda 'l-nakirât*): *samiʿtu šâʿiran* ***yunšidu*** *(yunšidu: ğumla, naʿt); 'aḫaḏtu qalaman* ***min 'l-qaṣabi*** *(min 'l-qaṣabi: šibh ğumla, naʿt)*

23. Les suivants: la coordination (*'al-tawâbiʿ*: *'al-ʿaṭf*).

23.441. La coordination est le fait de faire suivre un mot par un autre au moyen de la particule de coordination (le second est appelé «coordonné» et le premier «à quoi on coordonne») (*'al-ʿaṭf huwa 'itbâʿ lafẓ li-lafẓ 'âḫar bi-wâsiṭa ḥarf ʿaṭf* [*fa-yusammâ 'l-ṯânî maʿṭûfan wa 'l-'awwal maʿṭûfan ʿalayh*]): *kasartu 'l-qalama* ***wa*** *'l-dawâta.*

23.442. Les particules de coordination sont 9 (*ḥurûf 'l-ʿaṭf tisʿa wa hiya)*: *'al-wâw*, *'al-fâ'*, *ṯumma*, *'aw*, *lâkin*, *lâ*, *bal*, *ḥattâ.*

23.443. La coordination se présente entre les noms et les verbes (*yaqaʿ 'l-ʿaṭf bayna 'l-'asmâ' wa bayna 'l-'afʿâl*):
– entre deux noms (*bayna 'smayn*): *ğâ'a 'l-karîmu* ***wa*** *'l-baḫîlu.*
– entre deux verbes (*bayna fiʿlayn, wa yuḥsan murâʿât 'ittiḥâd 'l-zamân bayna 'l-fiʿlayn*): *qâma 'l-rağulu* ***wa*** *sağada*; *qum yâ rağulu* ***wa*** *'sğud.*

23.444. Si le pronom (sujet du verbe) est caché, il faut le mettre en évidence avec le pronom séparé avant de le coordonner (*'iḏâ kâna 'l-ḍamîru mustatiran wağaba ta'kîduh bi-'l-ḍamîr 'l-munfaṣil qabla 'l-ʿaṭf ʿalayh*): *ğâ'a* ***huwa*** *wa 'abûh, badalan min: *ğâ'a wa 'abûh.*

23.445. Si le pronom (complément du verbe) est attaché (et) nominatif, il faut le renforcer par le pronom séparé avant de le coordonner (*'iḏâ kâna 'l-ḍamîr muttaṣilan marfûʿan wağaba ta'kîduh bi-'l-ḍamîr 'l-munfaṣil qabla 'l-ʿaṭf ʿalayh*): *ği'**ta 'anta** wa 'aḫûka, badalan min *ği'ta wa 'aḫûka.* [NP: on peut observer ici que dans le cas d'un pronom accusatif, il n'est pas nécessaire de répéter le pronom attaché sous sa forme séparée. On dira donc: *ḍarabtuhu wa Zaydan*].

23.446. Si le pronom est attaché (et) génitif, il faut répéter ce qui met au génitif (l'annexé ou la particule du génitif) avant de coordonner (*'iḏâ kâna 'l-ḍamîr muttaṣilan maǧrûran waǧaba takrâr 'l-ḫâfiḍ, 'al-muḍâf 'aw ḥarf 'l-ǧarr, qabla 'l-ʿaṭf ʿalâ 'l-ḍamîr*): *sallamtu ʿalayhi wa* ***ʿalâ*** *'aḫîhi, badalan min: *sallamtu ʿalayhi wa 'aḫîhi; kayfa ḥâluka wa* ***ḥâlu*** *'aḫîka? badalan min: *kayfa ḥâluka wa 'aḫîka?*

24. Les suivants: la corroboration (*'al-tawâbiʿ: 'al-tawkîd*)

24.447. La corroboration est un suivant mentionné pour confirmer ce qui le précède (*'al-tawkîd tâbiʿ yuḏkar taqrîran li-mâ qablah*): *ǧâ'a Yûsufu* ***nafsuhu****.*

24.448. La corroboration est de deux sortes: formelle et sémantique (*'al-tawkîd nawʿân: lafẓîy wa maʿnawîy*).

24.449. Si nous voulons exprimer la corroboration formelle, il nous faut répéter le mot, et cela se produira (*'iḏâ 'aradnâ 'l-tawkîd 'l-lafẓîy ʿalaynâ bi-takrâr 'l-lafẓ wa yakûn ḏalika*):
– entre les noms (*bayna 'l-'asmâ'*): *ǧâ'a* ***'l-ṣayfu 'l-ṣayfu****.*
– entre les verbes (*bayna 'l-'afʿâl*): ***ǧâ'a ǧâ'a*** *'l-ṣayfu.*
– entre les particules (*bayna 'l-ḥurûf*): ***naʿam naʿam****.*
– entre les propositions (*bayna 'l-ǧumal*): *ṭalaʿa 'l-nahâru ṭalaʿa 'l-nahâru.*

24.450. Si nous voulons exprimer la corroboration sémantique, nous employons un des huit mots suivants (*'iḏâ 'aradnâ 'l-tawkîd 'l-maʿnawîy 'staʿmalnâ 'aḥad 'l-'alfâẓ 'l-ṯamâniyya 'l-'âtiya*): *nafs, ʿayn, kilâ, kiltâ, kull, 'aǧmaʿ, ǧamîʿ, ʿâmma.* Il est obligatoire que ces mots se joignent à un pronom qui s'accorde [NP: en genre et en nombre] avec le corroboré (*wa yaǧib 'an tattaṣil hadihi 'l-'alfâẓ bi-ḍamîr yuṭâbiq 'l-mu'akkad*): *ǧâ'a 'l-'amîru (mu'akkad)* ***nafsuhu*** *(mu'akkid); ra'aytu 'l-firqata (mu'akkad)* ***kullahâ*** *(mu'akkid); al-ʿuqalâ' (mu'akkad)* ***'anfusuhum*** *(mu'akkid) yuḥibbûna 'l-hazla.*

24.451. *kilâ* et *kiltâ* sont spécifiques à la corroboration du duel et sont fléchis à son cas (*taḫtaṣṣ «kilâ» wa «kiltâ» bi-tawkîd 'l-muṯannâ wa tuʿrabân 'iʿrâbah*): *wâlidâka* ***kilâhumâ*** *muštâqâni 'ilayka; 'akrim wâlidayka* ***kilayhimâ,*** *yadâka* ***kiltâhumâ*** *naẓîfatâni, 'aġsil yadayka kiltayhimâ.*

25. Les suivants: l'apposition (*'al-tawâbiʿ*: *'al-badal*).

25.452. L'apposition est un suivant qui précise le sens de son suivi (*'al-badal tâbiʿ yuʿayyin madlûl matbûʿih*): *ğâ'a Yûsufu (matbûʿ)* **'aḫûh** (*badal*).

25.453. L'apposition est de trois sortes: apposition du tout, apposition de la partie,. apposition d'inclusion (*'al-badal ṯalâṯat 'anwâʿ: badal kull, badal ğuz', badal 'ištimâl*).

25.454. L'apposition du tout est ce qui désigne le suivi lui-même (*badal 'l-kull huwa mâ dalla ʿalâ 'l-matbûʿ ʿaynih*) [NP: on pourrait ajouter: «dans sa totalité»]: **'aḫûka 'Ibrâhîmu ṣadîqunâ**.

25.455. L'apposition de la partie est ce qui désigne une partie du suivi (*badal 'l-ğuz' mâ dalla ʿalâ ğuz' mina 'l-matbûʿ*): *saqaṭa 'l-baytu (matbûʿ) saqfuhu (ğuz')* [NP: il est à remarquer ici que les grammairiens arabes utilisent *badal 'l-baʿḍ* de préférence à *badal 'l-ğuz'*].

25.456. L'apposition d'inclusion est ce qui désigne une caractéristique parmi celles du suivi (*badal 'l-'ištimâl huwa mâ dalla ʿalâ mîza min mîzât 'l-matbûʿ*): *'aṭrabanî 'l-bulbulu (matbûʿ) taġrîduh (badal 'l-'ištimâl*).

25.457. La condition [NP: d'existence] de l'apposition de la partie et (de l'apposition) d'inclusion est qu'elles soient attachées à un pronom avec référence à l'apposé (*šarṭ badal 'l-ğuz' wa 'l-'ištimâl 'an yattaṣilâ bi-ḍamîr yaʿûdu ʿalâ 'l-mubdal minh*): *qara'tu 'l-kitâba niṣfahu (badal 'l-ğuz'); yasurruka 'l-'amîru ʿafwuhu (badal 'l-'ištimâl*).

NOTE SUR L'UTILISATION DE L'INDEX ET DES PARAGRAPHES

L'index renvoie aux numéros des pages du présent ouvrage. L'ouvrage original de R. Chartouni comporte une numérotation continue en paragraphes, ceux-ci étant regroupés en chapitres. On a ajouté systématiquement dans la traduction le numéro du chapitre avant celui du paragraphe. On n'a pas reproduit dans le présent ouvrage les exercices qui figurent en fin de chapitres dans l'ouvrage original. Dans un souci de clarté, on a complété la numérotation des paragraphes là où elle a été omise dans l'original (p.ex. 4.22, 4.23, 4.24, 8.51, 8.52, 8.53). Certains titres de chapitres n'ont pas été inclus dans la traduction (p.ex. 11 «le nom propre et le nom commun», «le masdar», là où un titre d'ensemble suffisamment explicite est mentionné précédemment (p.ex.: «les subdivisions du nom»). On a omis certains numéros de sous-paragraphes de l'ouvrage original lorsqu'ils nous paraissent superflus (p.ex. 14.393 et 21.165), mais sans altérer la numérotation continue des paragraphes de l'original, pour permettre, autant que possible, la consultation aisée de ceux-ci à partir de la traduction. Des numéros de chapitres erronés dans l'original ont été corrigés (p.ex. 27, 28, 29, 30 dans la traduction au lieu de 27, 27, 28, 29 dans l'original) mais par ailleurs, ceci ne s'imposant pas, on n'a pas introduit de nouveau chapitre pour l'invariabilité des noms et des verbes, gardant le 31 au lieu de 32 normalement attendu, ce qui permet de «récupérer» la numérotation originelle des chapitres, tout en gardant la numérotation continue en paragraphes. On a omis de traduire certains paragraphes d'annexes quand ils traitent de points secondaires ou contiennent des résumés et des tableaux récapitulatifs (p.ex. 34.284 à 291 et 25. 458 à 461). On terminera cette note en rappelant que l'ouvrage original comporte deux parties, morphologie et syntaxe, la deuxième partie recommençant la numérotation des chapitres de 1 à 25. Toute référence aux paragraphes doit donc tenir compte de ce fait. Le présent index, que nous avons ajouté à l'original, permet notamment une consultation plus aisée qui ne se réfère qu'aux numéros des pages et non à ceux des chapitres, ceux-ci n'ayant pas de numérotation continue à travers tout l'ouvrage original.

INDEX

–ʾ et ʿ–

–B–

–C–

-ğ-

-H-

–M–

–N–

-O-

-P-

-Q-

-R-

–S–

–Ṣ–

–Š–

–T–

–ṭ–

-Y-

TABLE DES MATIÈRES

BIBLIOTHÈQUE DES CILL (BCILL)

VOLUMES RÉCENTS

Tous les volumes antérieurs de la BCILL sont disponibles et peuvent être commandés chez les Editions Peeters

BCILL 90: **J.-M. ELOY**, *La constitution du Picard: une approche de la notion de langue*, IV-259 pp., Louvain-la-Neuve, Peeters, 1997. Prix: 920 FB. ISBN 90-6831-905-1.
Cet ouvrage fait le point sur le cas picard et développe une réflexion originale sur la notion de langue. À partir des théories linguistiques, de l'histoire du fait picard et d'une démarche principalement sociolinguistique, l'auteur dégage des résultats qui éclairent la question des langues régionales d'oïl, et au delà, intéressent la linguistique générale.

BCILL 91: **L. DE MEYER**, *Vers l'invention de la rhétorique. Une perspective ethnologique sur la communication en Grèce ancienne,* 314 pp., Louvain-la-Neuve, Peeters, 1997. Prix: 1100 FB. ISBN 90-6831-942-6.
L'auteur, s'inspirant des données de l'ethnologie de la communication, tente une description généalogique des différents «niveaux de conscience» du discours qui ont précédé celui de la rhétorique proprement dite. Le passage des «proto-rhétoriques», encore fortement liées à la «parole efficiente», à la rhétorique est analysé dans ses rapports aux nouveaux usages de l'écriture, à la crise de l'expérience démocratique athénienne et à l'avènement de la philosophie.

BCILL 92: **J. C. HERRERAS** (éd.), *L'enseignement des langues étrangères dans les pays de l'Union Européenne*, 401 pp. Louvain-la-Neuve, Peeters, 1998. Prix: 1420 FB. ISBN 90-429-0025-3.
L'Union Européenne, en choisissant de garder onze langues officielles, a fait le pari de la diversité linguistique. Mais cette option a aussi ses exigences, puisque, pour faciliter la mobilité des citoyens et assurer une meilleure intercompréhension à l'intérieur de la Communauté, l'apprentissage des langues des partenaires européens est indispensable. Le présent ouvrage essaie d'analyser dans quelle mesure la politique linguistique des pays membres contribue à atteindre ces objectifs.

BCILL 93: **C. DE SCHAETZEN** (éd.), *Terminologie et interdisciplinarité. Actes du Colloque organisé en avril 1996 par le Centre de terminologie de Bruxelles (Institut Libre Marie Haps) et l'Association internationale des Professeurs de Langues vivantes*, 184 pp., Louvain-la-Neuve, Peeters, 1997. Prix: 670 FB. ISBN 90-6831-949-3.
La terminologie des spécialistes est à la fois obstacle et vecteur de communication inderdisciplinaire. Ce volume constitue les *Actes* d'un Colloque centré sur les rapports entre terminologie et inderdisciplinarité.

BCILL 94: **A. MANIET**, *Répercussions phonologiques et morphologiques de l'évolution phonétique: le latin préclassique*, XIV-303 pp., Louvain-la-Neuve, Peeters, 1997. Prix: 1120 FB. ISBN 90-6831-951-5.

L'ouvrage vise à tester, sur le plan phonique, le principe fonctionnaliste d'économie. La démonstration se base sur la série algorithmique, quantifiée, des changements phoniques qui ont fait aboutir le système d'un corpus reconstitué au système représenté par un corpus latin préclassique, y compris les variantes morphologiques.

BCILL 95: **A. TABOURET-KELLER** (éd.), *Le nom des langues. I. Les enjeux de la nomination des langues*, 274 pp., Louvain-la-Neuve, Peeters, 1997. Prix: 960 FB. ISBN 90-6831-953-1.
Nommer une langue, loin d'être une question linguistique, relève d'enjeux qui intéressent aussi bien les institutions que les personnes et qui sont souvent contradictoires. Dans ce premier tome d'une série traitant du *nom des langues*, une dizaine d'études illustrent cette problématique en s'appliquant chacune à un cas bien particulier.

BCILL 96: **A. MEURANT**, *Les Paliques, dieux jumeaux siciliens*, 123 pp., Louvain-la-Neuve, Peeters, 1998. Prix: 490 FB. ISBN 90-429-0235-3.
Une étude détaillée du mythe et du culte de très vieilles divinités siciliennes devenues symboles de liberté et consultées pour éprouver la bonne foi. La formation de leur légende, la nature de leur gémellité et leurs relations avec les Δέλλοι y sont particulièrement analysées.

BCILL 97: **Y. DUHOUX** (éd.), *Langue et langues. Hommage à Albert* Maniet, 289 pp., Louvain-la-Neuve, Peeters, 1998. Prix: 1050 FB. ISBN 90-429-0576-X.
Treize articles (de Y. Duhoux, É. Évrard, G. Jucquois, M. Lavency, A. Léonard, G. Maloney, P. Martin, A. Paquot, R. Patry, E.C. Polomé, É. Tiffou, K. Tuite) traitent d'indo-européen, de grec ancien, de latin, de français contemporain, de bourouchaski, de svane, et de la langue conçue comme thermomètre social.

BCILL 98: **F. BENTOLILA** (éd.), *Systèmes verbaux*, 334 pp., Louvain-la-Neuve, Peeters, 1998. Prix: 1560 FB. ISBN 90-429-0708-8.
Les quinze descriptions présentées dans cet ouvrage, toutes fondées sur les mêmes principes théoriques, fourniront des matériaux homogènes à la typologie et à la comparaison. Les auteurs ont eu le souci de dégager les unités par commutation, de distinguer unité et variante d'unité, et de répartir les déterminants en classes sur la base de l'exclusion mutuelle. À partir de leurs travaux, on perçoit mieux la spécificité des déterminants grammaticaux du verbe par rapport aux marqueurs d'opération énonciative (assertion, interrogation, injonction), aux subordonnants et aux affixes de dérivation.

BCILL 99: **Sv. VOGELEER, A. BORILLO, C. VETTERS, M. VUILLAUME** (éds), *Temps et discours*, 282 pp., Louvain-la-Neuve, Peeters, 1998. Prix: 1020 FB. ISBN 90-429-0664-2.
Les articles réunis dans ce volume explorent trois aspects des rapports entre temps et discours: la référence temporelle; la relation entre type de discours et emploi des temps verbaux; les manifestations discursives du développement du système temporel au cours de l'acquisition. Ce livre intéressera tous les linguistes qui étudient la temporalité.

BCILL 100: *Hethitica XIV*, 177 pp., Louvain-la-Neuve, Peeters, 1999. Prix: 640 FB. ISBN 90-429-0732-0.
Treize articles de S. de Martino, M. Forlanini, D. Groddek, R. Lebrun, M. Mazoyer, E. Neu, A. Polit, M. Popko, O. Soysal, F. Imparati.

BCILL 101: **H. FUGIER**, *Syntaxe malgache*, 253 pp., Louvain-la-Neuve, Peeters, 1999. Prix: 900 FB. ISBN 90-429-0710-X.
Cette *Syntaxe* décrit l'état de langue dit *malgache officiel*, sur base d'un corpus dont sont analysés en détail 450 énoncés, échelonnés du *classique ancien* à la *langue commune* actuelle. Chaque classe de constituants est définie par son utilité fonctionnelle dans la construction de la phrase. L'auteur montre comment l'énoncé grammatical se complexifie par un jeu d'applications successives où interviennent des phénomènes typologiquement remarquables (voix multiples, nom verbal avec son possesseur-agent, verbes sériés...).

BCILL 102: **Ph. BLANCHET, R. BRETON, H. SCHIFFMAN** (éd.), *Les langues régionales de France: un état des lieux à la veille du XXIe siècle – The Regional Languages of France: an Inventory on the Eve of the XXIst Century*, 202 pp., Louvain-la-Neuve, Peeters, 1999. Prix: 700 FB. ISBN 90-429-0791-6.
Des (socio)linguistes, ethnologues, géographes, juristes et responsables de l'enseignement dressent le panorama des problèmes de six langues régionales de France: alsacien, basque, breton, corse, occitan, provençal.

BCILL 103: **S. VANSÉVEREN,** *«Prodige à voir». Recherches comparatives sur l'origine casuelle de l'infinitif en grec ancien*, 192 pp., Louvain-la-Neuve, Peeters, 2000. Prix: 700 FB. ISBN 90-429-0835-1.
Étude sur l'origine casuelle de l'infinitif grec ancien, principalement en grec homérique. L'optique est comparative, morphologique, syntaxique, prosodique, mais surtout méthodologique, prenant en compte les problèmes fondamentaux de la grammaire comparée des langues indo-européennes. En plus du grec, sont examinés les faits en latin, sanskrit védique, avestique, hittite, arménien, tokharien, germanique, vieux slave, balte et celtique.

BCILL 104: **Yves DUHOUX**, *Le verbe grec ancien. Éléments de morphologie et de syntaxe historiques* (deuxième édition, revue et augmentée), Louvain-la-Neuve, Peeters, 2000, 561 pp. Prix: 1990 FB. ISBN 90-429-0837-8.
La deuxième édition de ce livre étudie la structure et l'histoire du système verbal grec ancien. Menées dans une optique structuraliste, les descriptions morphologiques et syntaxiques sont toujours associées, de manière à s'éclairer mutuellement. Une attention particulière à été consacrée à la délicate question de l'aspect verbal. Les données quantitatives ont été systématiquement traitées, grâce à un *corpus* de plus de 100.000 formes verbales s'échelonnant depuis Homère jusqu'au IVe siècle.

BCILL 105: **F. ANTOINE**, *Dictionnaire français-anglais des mots tronqués*, LX-209 pp., Louvain-la-Neuve, Peeters, 2000. Prix: 940 FB. ISBN 90-429-0839-4.
Ce dictionnaire bilingue français-anglais présente les mots tronqués ("doc" pour "docteur", etc.) du français. Il propose pour chaque terme: une traduction en anglais la plus fidèle possible du point de vue historique et stylistique; des mises en contexte propres à faire apparaître d'autres traductions; des citations qui l'illustrent; l'information lexicologique pertinente. L'ouvrage est précédé d'une étude des aspects historiques, sociologiques, morphologiques et psychologiques des mots tronqués.

BCILL 106: **F. ANTOINE**, *An English-French Dictionary of Clipped Words*, XLIV-259 pp., Louvain-la-Neuve, Peeters, 2000. Prix: 1070 FB. ISBN 90-429-0840-8.

This book is a bilingual dictionary of English clipped words ("doc" for "doctor", etc.). It offers for each headword: one or several translations into French, which aim to be as accurate as possible from the historical and stylistic point of view; examples of usage to show other possible translations; illustrative quotations; the pertinent lexicological data. The dictionary proper is preceded by an analysis of the historical, sociological, morphological and psychological aspects of clippings.

SÉRIE PÉDAGOGIQUE DE L'INSTITUT DE LINGUISTIQUE DE LOUVAIN (SPILL)

VOLUMES RÉCENTS

Tous les volumes antérieurs de la SPILL sont disponibles et peuvent être commandés chez les Editions Peeters

SPILL 20: **C. CAMPOLINI, V. VAN HÖVELL, A. VANSTEELANDT,** *Dictionnaire de Logopédie: Le développement normal du langage et sa pathologie.* XVI-138 pages; 1997. Prix: 450 FB. ISBN 90-6831-897-7.
Cet ouvrage rassemble les termes utilisés en logopédie-orthophonie pour décrire la genèse du langage et les troubles qui peuvent entraver les processus normaux de son acquisition. Première étape d'une réflexion qui cherche à construire un outil terminologique spécialement destiné aux professionnels du langage, il s'adresse également aux parents et enseignants, témoins privilégiés de l'évolution linguistique des enfants.

SPILL 21: **Fr. THYRION,** *L'écrit argumenté. Questions d'apprentissage,* 285 pp., Louvain-la-Neuve, Peeters, 1997. Prix: 995 FB. ISBN 90-6831-918-3.
Ce livre est destiné aux enseignants du secondaire et du supérieur qui ont à enseigner la tâche créative à haut degré de complexité qu'est l'écrit argumenté. Les opérations d'un apprentissage progressif et adapté au niveau des apprenants y sont passées en revue, de même que les étapes et les indices de la maîtrise du processus.

SPILL 22: **C. CAMPOLINI, V. VAN HÖVELL, A. VANSTEELANDT,** *Dictionnaire de logopédie: Les troubles logopédiques de la sphère O.R.L.,* XV-123 pages; 1998. Prix: 650 BEF. ISBN 90-429-006-7.
Ce livre est une suite logique d'un premier ouvrage et se veut une étape dans la construction d'un dictionnaire exhaustif du langage logopédique. Il aborde les domaines du dysfonctionnement tubaire, de l'orthopédie dento-faciale, de la dysphagie et dysphonies. S'il s'adresse bien sûr aux logopèdes-orthophonistes, il cherche aussi à interpeller les spécialistes de l'équipe pluridisciplinaire et susciter ainsi la rencontre de savoir-faire complémentaires.

SPILL 23: **Ph. BLANCHET,** *Introduction à la complexité de l'enseignement du français langue étrangère,* 253 pp., Louvain-la-Neuve, Peeters, 1998. Prix: 910 FB. ISBN 90-429-0234-5.
Cet ouvrage novateur propose un parcours à travers les questions fondamentales qui se posent quant à la diffusion et l'enseignement du «Français Langue Étrangère». On les examine de points de vue issus de courants scientifiques récents (interculturalité, pragmatique, sociolinguistique, sciences de l'éducation), dans une éthique pluraliste respectueuse de l'Autre, associant diversité et unité. Une bibliographie fournie étaye le propos et ouvre vers des développements ultérieurs. Ce livre s'adresse à ceux qui désirent s'initier à la didactique des langues, s'orienter vers l'enseignement et la diffusion du F.L.E., ainsi que plus largement à tous ceux que la question des langues et de culture intéresse.

SPILL 24: *Grammaire arabe à l'usage des Arabes. Traduction française et commentaires des* Éléments d'arabe, morphologie et syntaxe, II, de **RACHID CHARTOUNI** (Beyrouth), par **J. GRAND'HENRY**, 153 pp., Louvain-la-Neuve, Peeters, 2000. Prix: 500 FB. ISBN 90-429-0761-4.
Bien préparer l'étudiant francophone à se perfectionner en langue arabe dans les pays arabes. Tel est l'objectif poursuivi par cet ouvrage qui comble une lacune: l'absence de manuel d'étude de la langue arabe pour les arabophones, traduit et commenté en français.

PRINTED ON PERMANENT PAPER • IMPRIME SUR PAPIER PERMANENT • GEDRUKT OP DUURZAAM PAPIER - ISO 9706
ORIENTALISTE, KLEIN DALENSTRAAT 42, B-3020 HERENT